特別支援学校&学級で学ぶ！

国語 算数
基礎から学べる学習課題100

発達段階に合わせてグッドチョイス！

是枝 喜代治 編著

明治図書

まえがき

　近年，特別支援教育の領域では，一人ひとりの子どものニーズに応じた個別的な支援を進めていくことの必要性が問われています。「国語」や「算数・数学」などの教科指導においても，個々人の発達段階を的確に把握しながら，その子どもの実態やニーズ，障害の特性などに応じて「学習課題」を設定していくことが求められています。しかし，特別支援学校や特別支援学級では，在籍する子どもの発達段階にかなりの幅があったり指導の目安となる教科書や指導書が限られていたりすることなどから，各教師は学習指導要領に示された各教科の内容や観点を参考にしながら，日々の授業で使用する学習課題を子どもの実態に合わせて作成している状況にあります。

　そこで本書では，教育現場の先生方の日々の授業に役立ててもらうことを目的に，『＜国語・算数＞基礎から学べる学習課題100』と題し，自立活動の指導などにも活用できる内容を含め，合わせて100の学習課題を集約する形としました。

　国語の学習課題では，学習指導要領に即して国語の教科としての内容を検討しながら，「『ことばの基礎』を育てる初期学習課題」「『聞く・話す』力を育てる学習課題」「『読む・書く』力を育てる学習課題」「『伝え合う力』を育てる学習課題」としてまとめました。また，算数・数学の学習課題では，同様に「数や量の基礎を育てる初期学習課題」「計算する力を育てる学習課題」「長さや重さの比較，図や形の構成，金銭感覚を育てる学習課題」「生活に必要な力を育てる学習課題」としてまとめました。

　執筆者は教育現場の実践経験が豊富な先生方にお願いしました。それぞれ国語，算数・数学の各内容の順序性などに配慮してまとめていただいています。また，書籍としての統一性をはかるため，原則として，「指導のねらい」「指導のアイデア」「授業の発展・応用として」「つまずきの見取り方」という順番で内容を構成しました。初めて特別支援教育を担当する先生方，経験の少ない先生方だけでなく，実践経験が豊富な先生方にも活用していただける内容になっていると思います。是非，日々の授業に役立てていただければ幸いです。

　最後に，本書の出版にあたり，明治図書出版編集部の佐藤智恵さんと松井菜津子さんには，原稿の推敲作業をはじめ，きめ細かなご助言や校正など，多くのお骨折りをいただきました。ここに深くお礼を申し上げます。

編著者　是枝喜代治

もくじ

第1章　子どもに合わせたよい授業の作り方

1　子どもに合わせたよい授業とは ……………………………………………… 9
2　理解を促す支援方法・手だての工夫 ………………………………………… 10
3　発達段階に合わせた学習課題の設定 ………………………………………… 11
4　本書の内容と活用の仕方 ……………………………………………………… 11

第2章　基礎から学べる「国語」の学習課題

1　「ことばの基礎」を育てる初期学習課題

| 自立活動の指導 | 〈1〉「同じ」絵を見つけよう―はめ板教材― …………… 16
| 小学部1段階 | 〈2〉「同じ」絵を見つけよう―絵カードマッチング― ……… 17
| 小学部1段階 | 〈3〉「同じ」絵を見つけよう―分類課題― ……………… 18
| 小学部1段階 | 〈4〉絵（写真・実物）とことばの対応 ………………… 19
| 小学部1段階 | 〈5〉絵の細部に注目しよう―分割パズル課題― ………… 20
| 小学部1段階 | 〈6〉絵の細部に注目しよう―動きや表情― …………… 21
| 小学部2段階 | 〈7〉ひらがな理解―静音― ……………………………… 22
| 小学部2段階 | 〈8〉ひらがな理解―濁音・半濁音― …………………… 23
| 小学部2段階 | 〈9〉ひらがな理解―拗音・促音― ……………………… 24
| 小学部3段階 | 〈10〉文章理解 …………………………………………… 25
| 自立活動の指導 | 〈11〉2つの点を意識しよう ……………………………… 26
| 自立活動の指導 | 〈12〉点から点へ動かそう ………………………………… 27
| 小学部1段階 | 〈13〉「始点」と「終点」を理解しよう ………………… 28
| 小学部1段階 | 〈14〉なぞり書きをしよう ………………………………… 29
| 小学部2段階 | 〈15〉模写しよう ………………………………………… 30
| 小学部2段階 | 〈16〉文字を書こう ……………………………………… 31

2　「聞く・話す」力を育てる学習課題

| 小学部1段階 | 〈17〉決まったセリフをいおう …………………………… 32
| 小学部1段階 | 〈18〉指示を聞いて準備をしよう ………………………… 33
| 小学部1段階 | 〈19〉読んで伝えて，買い物にいこう …………………… 34

| 小学部1段階 | 〈20〉よく聞いて渡そう … 35
| 小学部2段階 | 〈21〉なんの音かな？ 聞き分けよう … 36
| 小学部2段階 | 〈22〉大きな声で伝えよう … 37
| 小学部2段階 | 〈23〉最後まできちんと聞こう … 38
| 小学部2段階 | 〈24〉しっかり聞こう … 39
| 高等部1段階 | 〈25〉整理して，伝えよう … 40
| 高等部1段階 | 〈26〉メモを取ろう … 41

3　「読む・書く」力を育てる学習課題

| 小学部1～2段階 | 〈27〉名詞と動作語を増やそう … 42
| 小学部1～2段階 | 〈28〉ことばの概念理解を広げよう … 43
| 小学部2段階 | 〈29〉共通点や違いを捉えよう … 44
| 小学部2段階 | 〈30〉形や色を読み取ろう … 45
| 小学部2～3段階 | 〈31〉受動態を理解しよう … 46
| 小学部3段階 | 〈32〉時系列を捉えよう … 47
| 小学部3段階 | 〈33〉順序を整理しよう … 48
| 小学部3段階～中学部1段階 | 〈34〉日記を書こう … 49
| 中学部1段階 | 〈35〉ものの名前や数を読み取ろう … 50
| 中学部1段階 | 〈36〉様子をことばで表そう … 51

4　「伝え合う力」を育てる学習課題

| 中学部1段階 | 〈37〉内容・ことば・文字を結びつける力をつけよう … 52
| 中学部1段階 | 〈38〉情報を収集・整理する力をつけよう … 53
| 中学部1段階 | 〈39〉因果関係を理解しよう … 54
| 小学部3段階～中学部1段階 | 〈40〉物事の見方を知ろう … 55
| 中学部1段階 | 〈41〉場面を切り取り簡潔にまとめよう … 56
| 小学部3段階～中学部1段階 | 〈42〉スクリプトを活用して話そう … 57
| 中学部1段階 | 〈43〉手紙で伝えよう … 58
| 小学部3段階～中学部1段階 | 〈44〉ことばを絵に，絵をことばにしよう … 59
| 中学部1段階 | 〈45〉音声と映像でコミュニケーションしよう … 60
| 中学部1段階 | 〈46〉特徴を捉えて説明しよう … 61
| 中学部1段階 | 〈47〉立場を置き換えて考えよう … 62
| 中学部1段階 | 〈48〉分かりやすく説明しよう … 63
| 中学部1段階 | 〈49〉長い文章を読み取ろう … 64

| 中学部1段階 | 〈50〉登場人物の気持ちを想像しよう……………………………… 65 |

第3章 基礎から学べる「算数・数学」の学習課題

1 数や量の基礎を育てる初期学習課題

小学部1段階	〈51〉玉をよく見て落とそう……………………………………… 68
小学部1段階	〈52〉感触を楽しみながら，形を作ろう………………………… 69
小学部1段階	〈53〉さすことにより大きさや形の違いに気づこう………… 70
小学部1〜2段階	〈54〉よく見て順にさそう……………………………………… 71
小学部1〜2段階	〈55〉ジグザグに棒をさそう…………………………………… 72
小学部1〜2段階	〈56〉1の次は2，2の次は3………………………………… 73
小学部2段階	〈57〉数に合わせて指を動かそう……………………………… 74
小学部2段階	〈58〉聞いた数だけ筒に入れよう……………………………… 75
小学部2段階	〈59〉手を使って数を学習しよう……………………………… 76
小学部2段階	〈60〉1ずつ増えると階段になるよ…………………………… 77
小学部2段階	〈61〉見本と「同じ」にしよう………………………………… 78
小学部2段階	〈62〉色と数で整理しよう……………………………………… 79
小学部2段階	〈63〉パッと見て分けよう……………………………………… 80
小学部2段階	〈64〉動かして数を分解しよう………………………………… 81
小学部3段階	〈65〉隠れている数はいくつかな……………………………… 82
小学部3段階	〈66〉線をたどろう……………………………………………… 83

2 計算する力を育てる学習課題

小学部2段階	〈67〉10までの数を数えよう………………………………… 84
小学部3段階	〈68〉10個ずつ袋につめよう………………………………… 85
小学部2段階	〈69〉5までの数を合わせよう………………………………… 86
小学部3段階	〈70〉ブロックを積もう………………………………………… 87
小学部2段階	〈71〉5までの合成・分解……………………………………… 88
小学部3段階	〈72〉10までの合成・分解…………………………………… 89
小学部3段階	〈73〉10までの数の組み合わせ―天秤を使って―………… 90
小学部3段階	〈74〉10までの数の組み合わせ―数図カードを使って―… 91
小学部3段階	〈75〉式を作ってみよう………………………………………… 92
小学部3段階	〈76〉足し算の練習をしよう…………………………………… 93

3 長さや重さの比較，図や形の構成，金銭感覚を育てる学習課題

- 小学部3段階　〈77〉長さ比べをしよう ……………………………… 94
- 小学部3段階　〈78〉重さ比べをしよう ……………………………… 95
- 小学部3段階　〈79〉重さを量ろう …………………………………… 96
- 小学部2段階　〈80〉まる・さんかく・しかくを見つけよう ……… 97
- 小学部2段階　〈81〉まる・さんかく・しかくを弁別しよう ……… 98
- 小学部3段階〜中学部1段階　〈82〉四角形の仲間を覚えよう …… 99
- 小学部3段階〜中学部1段階　〈83〉三角形の仲間を覚えよう …… 100
- 小学部3段階〜中学部1段階　〈84〉図形用語を覚えよう ………… 101
- 小学部1〜3段階　〈85〉図形の構成 ………………………………… 102
- 小学部3段階〜中学部1段階　〈86〉図形の色塗り …………………… 103
- 小学部3段階　〈87〉ちょうどの時刻・5分ごとの時刻 …………… 104
- 中学部1段階　〈88〉1分ごとの時刻・時間 ………………………… 105
- 小学部1〜2段階　〈89〉お金の弁別をしよう ……………………… 106
- 中学部1段階　〈90〉ちょうどのお金を出そう …………………… 107

4 生活に必要な力を育てる学習課題

- 高等部2段階　〈91〉数と計算　広告の割引の意味を知ろう ……… 108
- 高等部1段階　〈92〉量と測定　バイタルチェックをしよう ……… 109
- 高等部1段階　〈93〉量と測定　計算しよう ………………………… 110
- 高等部1段階　〈94〉図形　模型を組み立てよう …………………… 111
- 高等部1段階　〈95〉量と測定，図形　運動場にコートを作ろう … 112
- 高等部1段階　〈96〉数量関係　スポーツテストの結果を入力しよう ……… 113
- 高等部1段階　〈97〉数量関係　自分のBMIを求めよう …………… 114
- 高等部2段階　〈98〉実務（時刻・時間）　色々な時刻表を読み取ろう ……… 115
- 高等部2段階　〈99〉実務（暦）　スケジュールを書こう ………… 116
- 高等部2段階　〈100〉実務（金銭）　レジスターを使ってみよう ……… 117

第1章 子どもに合わせたよい授業の作り方

1 子どもに合わせたよい授業とは

　"子どもに合わせたよい授業"とは，どのような授業をさすのだろう。教師の立場で考えるよい授業と，子どもの立場で考えるよい授業とでは，それぞれ捉え方が異なるかもしれない。また，教科や領域，単元の内容，授業の形態（個別又はグループ），授業者の人数（個別又はティームティーチング），子どもの年齢や発達段階によって異なってくるだろう。しかし，共通していえることは，その授業の中で，

> （1）子どもが安心して学べる場が用意されていること
> （2）受け身ではなく，子どもが主体的に学べる工夫が随所に取り入れられていること
> （3）個々の子どもに合わせた学習課題が用意されていること
> （4）授業計画（プランニング）から，目標・手だての設定，実践後の振り返りなどが適切に行われていること（PDCAサイクルによる授業の計画及び実践と振り返りの実施）
> （5）子どもの"できないこと"ではなく，"できること"に目を向けた（よいところを伸ばす）内容が用意されていること
> （6）授業全体を通して，子ども自身が「できた！」「分かった！」という喜び，満足感が得られる授業であること

などが挙げられる。その他，教室などの環境面の工夫としては，

> （7）子どもの特性に合わせて，授業に集中しやすい人的・物的環境が用意されていること
> （8）理解を促すことのできる絵や文字，イラストなどの視覚教材，個々の実態に合った教材・教具，子どもが関心を示すICTなどの教育情報機器などが適宜準備されていること
> （9）個々の子どもに対する教示が"具体的で分かりやすく"行われていること

などが挙げられる。そして，最も大切なことは，指導する側の教師が子どもの活動や行動を常に称賛し，学習への意欲を高められるような対応が適切に行われていることであろう。また，

障害のある子どもの授業に限られたことではないが，子どもが安心して授業にのぞみ，学ぶ楽しさや分かる喜びを体感するために，子どもと教師との信頼関係の構築は欠かせない。

2 理解を促す支援方法・手だての工夫

　子どもが"楽しく学べる"よい授業を展開する上で，授業を計画する際，個々の子どもの目標や発達段階，障害の特性に合わせた手だて，理解を促すための細かな工夫などを検討することは重要である。例えば，「色」に関する概念を理解させる場合，まずは子どもが興味を示す「色」そのものを題材の1つとして取り上げていくことや，対比しやすい色別のカードを作り，同じ色のものを複数選んだり，見本を示してそれと同じ順番に並べたりする対応は，色に対する興味や関心の幅を広げていく。また，信号などの日頃から目にすることの多い「あか」「あお」「きいろ」などの色に関することばを理解させていく場合，比較的発音しやすいことば（「あお」は母音同士の音韻の組み合わせで構成されるため，比較的発音しやすいとされる）から始めることで，発語やことばに関する理解も深まっていくだろう。

　自閉症スペクトラム障害のある子どもであれば，言語的な理解と合わせて，五十音表や絵・文字，イラストなどの視覚教材を補助的に用いながら支援を進めていくことも必要となる。個々の子どもの「個別の指導計画」に沿って，その実態や障害の特性，各授業の目標などと連動させながら，理解を深められる方法や手だてを検討していくことが望まれる。

　近年では，知的障害を含めた発達障害のある子どもにも理解しやすい「ユニバーサルデザイン」に基づいた各種の指導法などが提案されている。しかし，知的障害のある子どもの授業づくりでは，一般的な支援方法や内容と併せて，その認知特性に配慮した支援の方略を検討することが重要となる。例えば，教科別の指導と共に，各教科等を合わせた指導の中の「生活単元学習」などと連動させながら，実生活と結びついた内容で授業を構成していくことや，机上の学習のみでなく，感覚や運動をはじめとする五感をフルに活用した支援の手だてを検討することも大切である。学習障害のある子どもたちに応用されているマルチセンサリー・ティーチング（Multisensory Teaching）などの手法は，人の持つ五感をそれぞれ結びつけながら，物事の概念を総合的に把握していく手法の1つであり，これらの手法をうまく活用していくことは，知的障害のある子どもの概念形成にも役立つだろう。「粘土を使って文字（字形）を形づくり，その意味や内容を覚えていく」「キャベツの葉のにおいを嗅いだり，実際に食べたりしながら，その葉に文字で記し，ことばや文字の概念を理解していく」「声に出して，文章を音読する」など，題材や素材の持つ特性を視覚，聴覚，触覚，嗅覚，触知覚などと相互に結びつけて活用し，事物や事象を理解していく手だては知的障害のある子どもの理解力の促進に役立つものである。

3　発達段階に合わせた学習課題の設定

　国語や算数・数学などの教科学習の基盤には，知覚や認知，記憶や言語，概念形成などの前教科スキルが必要となる。一般に，「認知」とは外界からの情報を理解する総合的な働き（機能）と捉えられているが，こうした機能は乳児期の生後間もない頃からはぐくまれていく。乳幼児期の子どもは関心のある事物を目で見たり，手や身体で触れたり，口の中に入れて認識したりして，視覚，聴覚，味覚，触知覚，運動覚などのさまざまな感覚モダリティーを使いながら，その事物を認識していく。そして，個々の事物には名前や用途のあることを理解したり，同じものと異なるものとを弁別したりする認知機能が育てられていく。

　幼児期に入ると，徐々に文字や絵本などにも興味を持ち始め，5歳を過ぎる頃には神経系の発達に伴い手指のコントロールの力が向上し，文字や絵を書く（描く）力が身についていく。そして，話しことばを介して意思を伝え合う基本的なコミュニケーションの力は，就学前の6歳前後にほぼ確立される。しかし，知的障害のある子どもたちは全般的な発達や学習の習得過程がゆっくりであるため，繰り返し学習内容を積み上げていくことで，理解が深まっていく。国語や算数・数学，自立活動の指導等の中で，ものの名称や用途を理解したり，同じものを組み合わせたり，似ている部分と異なる部分を弁別したりするなど，知覚や記憶，言語の理解，さらには問題解決を図る力をはぐくんでいくことが重要となる。

　特別支援学校や特別支援学級には，さまざまな障害の特性を持つ子どもたちが在籍している。したがって，各障害の特性に配慮しながら，発達の順序性にも配慮した「学習課題」を設定していくことが大切である。その際，日常生活に応用できる題材を利用していくことを心がけていくとよい。表出言語が限られる子どもには，表出言語を指導するだけでなく，そのことばの持つ意味内容を理解し，指示に対して適切に行動する力を確立していくことで，実際の生活に生かせる「ことば」となっていく。学校生活全体を通して，理解言語を促したり物事に関するイメージを言語化（ことばで表現する）したりすることなどが求められていくだろう。また，国語や道徳の授業などと関連させて，「人から声をかけられて，気持ちがよくなる（あたたかさを感じる）ことば」などを考えさせ，それをロールプレイとして実践していく試みなどは，円滑な対人関係の育成や公共のマナーの習得などにも通じていく。こうした学習の積み重ねは，将来の自立した生活を見据えたライフキャリアの教育にも通じるものである。

4　本書の内容と活用の仕方

　本書では，特別支援学校の「国語」「算数・数学」，さらには「自立活動」などの授業で活用できる多くの学習課題のサンプルが提示されている。実際に，学習指導要領の内容に沿って特

別支援学校等の現場で一般的に取り扱われている内容なので，担当する子どもの実態に合わせて活用しながら，発達を促す授業づくりを進めてほしい。

　特別支援学校（知的障害）の各教科の指導は，一人ひとりの子どもの状態に合わせて，本人の興味や関心に留意しながら，各教科の段階〈小学部３段階，中学部１段階，高等部２段階（高等部の主として専門学科において開設される教科は１段階）〉に応じた指導を展開することが求められている。国語の内容は「聞く・話す」「読む」「書く」の３つの観点で構成され，日常生活と密接に関連する内容を取り扱いながら，「伝え合う力」をはぐくむことが重視されている。また，算数・数学の内容は「数量の基礎・数と計算」「量と測定」「図形・数量関係」「実務」の４つの観点から構成され，日常生活に生きる力の育成が重視されてきた。

　いずれの内容も，子ども一人ひとりの適切な実態把握に基づいて，発達の順序性にも配慮しながら，適切な指導を展開していくことが望まれる。

　次頁には，サンプルとして「時計を読もう―横軸時刻表を使って時間の流れを理解する―」という学習課題を提示しているが，上段のタイトルには，その学習課題を適用する目安となる学部，各教科の段階などを示してある（小学部〇段階など）。これらは，そこに示された学部や段階に限定したものではないが，子どもの発達段階の一応の目安として活用してもらいたい。本書に提示されているさまざまな学習課題をうまく応用したり，子どもの実情に応じて少し改変したりすることで，担当する子どもの実態に合ったオリジナルの「学習課題」へと発展させていってほしい。日々の授業づくりの中で，こうした工夫を進めていくことが，"子どもに合わせたよい授業"の展開につながっていくものと考える。

是枝喜代治

<引用・参考文献>
文部科学省（2009）「特別支援学校学習指導要領解説　総則等編（幼稚部・小学部・中学部）」

第1章　子どもに合わせたよい授業の作り方

学部や段階の目安が示してある。子どもの実態に合わせて活用してほしい。

―小学部○段階

0 時計を読もう
―横軸時刻表を使って時間の流れを理解する―

指導のねらい

①昨日・今日・明日などの曜日や時間の流れを理解する。
②日常生活の中で，実際にアナログ時計が読み取れ，時間の流れの概念を理解する。

本課題のねらいを簡易に示した。

指導のアイデア

時計の角度などで，終了時間を理解できる子どももいるが，こうしたタイプの子どもには，活動の開始と終了の時刻を合わせて提示することも一案である。また，アナログ時計の長針と短針が弁別しやすいように，コントラストのよい赤と青のビニールテープを貼りつけることで，内容の理解も深まっていく。集団で行う活動であれば，遠足の事前指導などで用いる場合がある「横軸時刻表」などを用いていくとよい。アナログ時計には長針と秒針は60進法，短針は12進法で2回り（24時間）するなど，複合的な数の概念が時計という1つの盤に集約されている。そのため，針の動きやその意味など理解しづらい面がある。知的障害のある子どもの場合，その認知特性を考え，アナログ時計を平面に置き換えた形で時間の進行を理解させていく支援が大切である。実際の生活の中で，電車やバスの時刻表の読み取りなどに挑戦していくとよい。

学習課題の中心的な部分で，手だてのポイントや，その意味などを簡易に示した。

授業の発展・応用として

時計や時刻の学習は，「算数科」の授業と合わせて，学校生活全般や家庭生活と抱き合わせて行われるべきである。また，宿泊や遠足での集合時間，給食，お昼休みの時間などを伝える際にも，アナログ又はデジタル時計を利用して，時間の概念を理解させていくことを心がけたい。生活単元学習で，クラス会などのイベントを企画する際にも，タイムテーブルを考えたりするなど，常に時間を意識しながら取り組むことで，時間の概念理解も深まっていく。

生活とかかわる取り組みなど，発展・応用可能な活動などを示した。

つまずきの見取り方

障害が重度であっても，針の角度などを目安に大まかな時間の経過が理解できる子どももいる。また，発達段階の低い子どもが，合図や視覚的な目印を頼りに的確な行動を取れることもある。子どものつまずきを把握するには，まず，行動の基点となる活動（授業に移る時など）を利用し，どのような行動を取るかを丁寧に観察することが重要である。市販のタイムタイマー（TIME　TIMER社製）などの支援ツールを活用していくことも一案である。

子どものつまずきの見取り方を示した。つまずいている部分を確認することは，具体的な手だてを考える上で重要な要素となる。

13

第2章 基礎から学べる「国語」の学習課題

1　「ことばの基礎」を育てる初期学習課題
2　「聞く・話す」力を育てる学習課題
3　「読む・書く」力を育てる学習課題
4　「伝え合う力」を育てる学習課題

1 「ことばの基礎」を育てる初期学習課題

自立活動の指導

1 「同じ」絵を見つけよう
―はめ板教材―

指導のねらい

①絵枠をヒントに「絵の違い」を理解する。
②枠をヒントに「同じ」絵を探すことができる。

指導のアイデア

　特別支援学校では，ことばや文字だけでは理解できない子のために，「絵カード」や「写真カード」を活用し，分かりやすく伝える工夫をした授業が多く展開されている。しかしながら，中には，「絵カード」や「写真カード」であっても，理解することが難しい子もいる。そのような子が「絵カード」や「写真カード」を理解することができるようになるために，「絵」や「写真」部分の輪郭をくり抜いた「はめ板」を用いて学習すると効果的である。「はめ板」というと，特別支援学校でよく用いられる教材の用語であるが，世間一般に理解されやすいことばで置き換えると「1ピースのパズル」と言い換えられる。

　はめ板はベニヤ板に絵（写真）を貼り，電動糸のこぎりでくり抜いて作ることができる。電動糸のこぎりは小学校高学年の図画工作の授業で使用して以来あまり使うことのない機械だが，電動ミシンを使うのと同じ程度の難易度なので，木工が得意でなくてもその気になれば作れる。

　ここでのポイントは，1つの絵が，他の絵柄の枠には入らないということである。それにより物理的に正解を導きだすことができる。

下絵ありのはめ板　易

下絵なしのはめ板　難

つまずきの見取り方

　ここでのポイントは，絵カードや写真カードは視覚的に相違を判断する必要があるけれど，はめ板は，1つの絵が他の絵の枠には入らないので，運動的に（物理的に入らないという条件がある）相違を判断できることである。したがって，「色々な枠にはめてみて，入るか入らないか試している子どもなのか」それとも，「絵と下絵を照らし合わせただけで判断している子どもなのか」で，次の段階へ課題を進めるかどうかの判断基準が見えてくる。

（大高正樹）

小学部1段階

2 「同じ」絵を見つけよう
―絵カードマッチング―

指導のねらい
①「絵の違い」を理解する。
②「同じ」絵を探すことができる。

指導のアイデア
「はめ板」を用いた学習で，試行錯誤せずに答えを導き出せるようになったら，絵カード（写真カード）のマッチング課題にチャレンジできる。この時に，どのような「絵」を用いるかがポイントになる。絵であれば「食べ物」「乗り物」「動物」「生活用品」など，子どもに身近で子どもが見たことのある物（名詞）を用いるとよい。また「写真」であれば，「家族」や「先生」「友達」など「身近な人」の写真から始めるのがよい。

また，初期段階では，背景をシンプルで単色にしておくのがよい。特に写真の場合は，1度写真の輪郭をくり抜いてから，台紙に張る手間をかけてカードを作るとよい。

さらに，同じカード同士を合わせる時に，「重ねていく」方法と「並べていく」方法が考えられる。その時に「重ねていく」ならば，カードがピタリと入るサイズの容器を用意したり，「並べていく」ならば，台紙にペンで枠を書き，その枠に並べていったりすると，「何をすべきなのか」子どもに伝わりやすい。

同じカードを重ねる

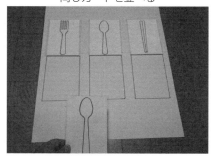
同じカードを並べる

つまずきの見取り方
定型発達の幼児ならば，1歳後半～2歳前半にかけてできるようになる課題である。この課題ができるようになると，幼児はテレビのキャラクターや漫画などにも興味を持ち始める。

ついつい大人は，「キャラクター＝子どもは誰しもが好き」と思いがちだが，絵柄の違いが理解できない子どもにとっては，キャラクターが「かわいい」とは思えなくても当然のことである。大人の感覚を押しつけないように注意が必要である。

（大高正樹）

小学部1段階

3 「同じ」絵を見つけよう
―分類課題―

指導のねらい
①「絵の違い」を理解する。
②「同じ」絵を探すことができる。

指導のアイデア
　「分類」とは「複数のものの共通する要素を抜き出して同じものを集める」ことである。
　特別支援学校で指導していく時には，まず①カードを何枚用意するのか？で難易度を考えるとよい。なぜなら，提示される絵カードが「りんご」と「ばなな」の2種類なのか？　それとも「りんご」「ばなな」「みかん」「めろん」「すいか」「ぶどう」「もも」「かき」「いちご」「きうい」「なし」など10種類以上にも及ぶのか？によって難易度は変わってくるからである。また，分類するカードが「りんご」「ばなな」「りんご」「ばなな」4枚なのか，それとも「りんご」「りんご」「ばなな」「りんご」「ばなな」「ばなな」「りんご」「りんご」「ばなな」「りんご」「りんご」…など10枚以上に及ぶのかによっても難易度が変わってくる。
　次に，同じ「りんご」でも，「カラーのりんご」「モノクロのりんご」「写真のりんご」「皮をむいたりんご」「半分に切ったりんご」など，見た目が違うもの同士を集める課題にすると課題の要素が変わり，「見た目による分類」から「概念による分類」となる。

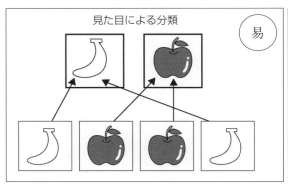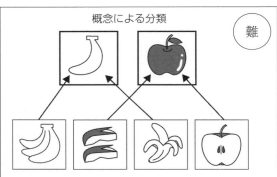

つまずきの見取り方
　カードを一度に子どもの前に置くと，カードの多さに子どもの視点が定まりにくい。そのため，どこに注目すればよいのか分からず，混乱してしまう場合がある。そのような時は，見本のカードを1枚ずつ箱に入れて，そこに集めるようにすれば，「見本」がはっきりする。あるいは，手に持つカードを1枚ずつ大人が手渡すようにすれば，注目すべきカードが分かりやすくなる。

（大高正樹）

小学部1段階

4 絵（写真・実物）とことばの対応

指導のねらい
①「絵」と「ことば」を対応させることができる。

指導のアイデア
　絵カードのマッチング課題，形のマッチング課題等は「同じ」を見つけると同時に，それに該当する「ことば」を覚える過程でもある。私は恩師に，「『絵カードを見せて，それに該当することばを言わせる課題』『ことばを聞いて絵カードを選ぶ課題』はどの段階で行えばよいのか？」と質問したことがある。その時，恩師は「子どもがマッチングできたり，分類できたりした時に，『大人が○○だね』とことばを乗せるんだ。決して無理やり，繰り返し発音させることは禁物だよ。嫌になっちゃうからね」とおっしゃった。当時，繰り返し言わせて，教え込もうとしていた私は目から鱗が落ちた思いがした。「子どもの行動に，ことばを乗せていく」という発想を持てるようになったことで「無理にことばを教えなくてもよいのだ」という余裕が生まれ，その後の指導が上手くいくようになった。

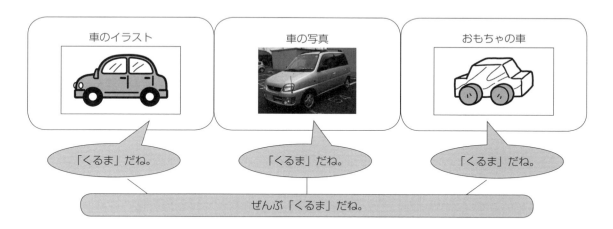

つまずきの見取り方
　「ことば」を覚えるためには，カードをマッチングしたり，分類したりした時に，ことばを教えてもらった経験だけでは不十分である。生活の中で，そのものを目にしたり，耳にしたり，触ってみたりする体験が不可欠である。名詞は，絵で表しやすいので学習としても取り組みやすい。動きことば（動詞）や様子ことば（形容詞等）は絵で表現しにくいため，名詞以上に机上での学習と生活の中での体験を意識してつなぎ合わせていく必要がある。

（大高正樹）

小学部1段階

5 絵の細部に注目しよう
―分割パズル課題―

指導のねらい

①「絵」細部に着目し，切れ目と切れ目を見つけ出すことができる。
②部分から全体像をイメージすることができる。

指導のアイデア

　4までは，「絵」と「絵」の比較を行ってきた。この頁では絵そのものの細部に着目することで，さらなる理解力向上を目指す。その課題として「パズル」が挙げられる。「パズル」というと，100ピース，1000ピースのジグソーパズルを大人が楽しむ場合もある。3歳〜6歳くらいの幼児用ジグソーパズルになると10ピースから80ピース前後のものが多く市販されている。しかしながら，「概念の分類」ができるようになったばかりの子どもにとっては，2ピースでも難しい課題となる。市販されているパズルを使う前に，「絵カードのマッチング課題」や「絵カードの分類課題」で活用したカードを半分に切って教材にするのがよい。カードの切り方としては斜めに切ると難しくなる。

縦に切った　　　　　　　　　横に切った　　　　　　　　　斜めに切った

つまずきの見取り方

　いきなり2分割のカードを渡しても，なかなか構成できないこともある。そんな時は，「はめ板教材」を参考にして，「輪郭で切り取った，枠つきの2分割パズル」にするとよい。また，「絵カードマッチング課題」を参考にして「下絵の上に重ねていく2分割パズル」にするのもよい。「分類課題」を参考にして「2枚の分割カードがピタリと収まる外枠」を用意するのもよい支援になる。

二分割のはめ板　　　　　　　下絵の上に重ねていく　　　　外枠を用意

 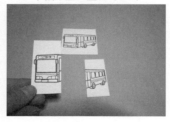 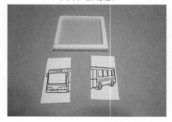

（大高正樹）

小学部１段階

6 絵の細部に注目しよう
―動きや表情―

指導のねらい
①同一人物での表情の違い，動きの違い等を理解することができる。

指導のアイデア
　特別支援学校では，教科書として絵本が用いられることもある。絵本といっても０歳用から始まり，さまざまな種類の絵本がある。０歳用の絵本は，１ページに１つの絵や写真が載っている絵本だったり，『いないいないばあ』方式でめくる絵本だったりとストーリーがないものから始まる。対象年齢が増すにつれ，徐々に簡単なストーリーのあるものへと発展していく。ストーリーのある絵本を理解するためには，主人公の表情の違いを区別したり，動作の違いを区別したりできる必要がある。

　「分割パズル」が学習課題となる子どもに対しては，表情の違いで絵カードを分類したり，同じ人でも動作の違いを区別して分類したりする課題に挑戦するとよい。

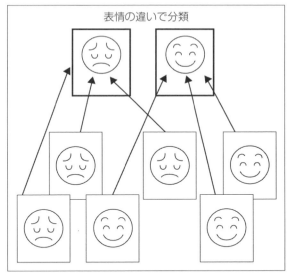
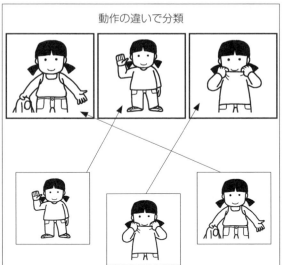

つまずきの見取り方
　絵やイラストの細部に注目できなかったり，ストーリーのある絵本が理解できなかったりする子どもに対しては，「パネルシアター」や「ペープサート」の活用も有効である。「パネルシアター」のパネルは背景が黒い布で覆われているものが一般的で，登場人物等がはっきりと分かりやすい。また，「ペープサート」は子どもにも持たせることができるので，登場人物等により注目しやすくなる。さらに，パネルシアターやペープサートの人物を登場させる際，「びっくり箱」を用いると，より子どもの注目をひくことができる。

（大高正樹）

小学部2段階

7 ひらがな理解―清音―

指導のねらい

①ひらがな（清音）を理解する。

指導のアイデア

文字学習としては，「絵カード」「名称（読み）」「ひらがな」の三通りを組み合わせた合計六通りのパターンがある。一般的には，「絵カードを見てその名称を答える」課題，「名称を聞いてそれに該当する絵カードを選ぶ」課題が最初の課題となる。子どもに身近なものの名称をたくさん覚えられるとよい。また，特定の絵カードだけでなく，色々な種類の絵カードや写真カードを駆使していくのがよい。

「絵」を見て，「名称」を答える。

「名称」を聞き，該当する「絵」を選ぶ。

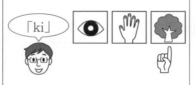

「絵」を見て該当する「ひらがな」を選ぶ。

「ひらがな」を見て，「読み」を答える。

「ひらがな」を見て該当する「絵」を選ぶ。

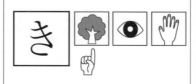

「読み」を聞いて，「ひらがな」を選ぶ。

つまずきの見取り方

特別支援学校の子ども（特に自閉症スペクトラムの子ども）の中には，単語を絵のようにして覚えている子どもがいる。そのため，「絵カード」と「名称」が一致していないにもかかわらず，「ひらがなカード」と「絵カード」は一致させられる子もいる。また，「みかん」は読むことができるのに，「か」だけだと読むことができなくなる子もいる。指導者側でも，一文字一文字を全部覚えてから単語の指導をする先生，単語のかたまりをまず覚えさせてから，一文字一文字に分解していく先生と分かれる。どちらの指導が正しいかはさておき，子どもがどのように文字を理解しているのかについて実態を知ることは不可欠である。

（大高正樹）

小学部2段階

8 ひらがな理解―濁音・半濁音―

指導のねらい
①ひらがな（濁音・半濁音）を理解する。

指導のアイデア
　ひらがなの「清音」が理解できるようになったら，次は「濁音・半濁音」に挑戦となる。
　濁点は「か行」「さ行」「た行」「は行」につくので，濁音は合計20文字になる。半濁点は「は行」につくので，半濁音は合計5文字になる。
　ここでは，①「濁点（半濁点）がついているかどうかの違いを視覚的に理解できること」が必須となる。「゛」や「゜」は細かい表示になるので見落としやすい。前出の**1**～**7**までで積み上げてきた力を活用し，その違いを見分けられるようになる必要がある。その際に，濁点（半濁点）部分だけを色づけするなどして，注目を引きやすくすると分かりやすい。
　次に，②「濁点がついていると読み方が変わるということ」の理解が必要になる。「か」は「ka」と読み，「が」は「ga」と読む。発音ができる子どもならば，自分で発音した音を録音して文字カードとマッチングする課題は有効である。「音声ペン」と「ドットコード」を活用するのもその一例となる。「ドットコード」とは「バーコード」が細かくなったもので，文字カードに重ねることができる。「音声ペン」をかざすと録音した音を再生することができる教材である。

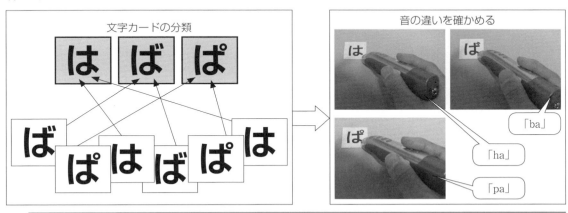

つまずきの見取り方
　特別支援学校の子どもの中には，「自分で話すことば」（表出言語）と「人から聞いて理解できることば」（理解言語）に差がある子もいる。そのような子どもに対しては，カード分類等で視覚的理解ができるかどうか？　ことばを聞いて該当するカードを選ぶ課題で聴覚的理解ができるかどうか？を双方から丁寧にアプローチする必要がある。

（大高正樹）

小学部2段階

9 ひらがな理解―拗音・促音―

指導のねらい

①ひらがな（拗音・促音）を理解する。

指導のアイデア

「濁音」「半濁音」と同様に，日本語で難しいのが「拗音」「促音」となる。いわゆる，小さい「や」「ゆ」「よ」「つ」である。ここでは定形発達幼児だと2歳から3歳くらいにかけて理解できるようになる「大きい」「小さい」の概念理解が必須となる。「きや」と書いてあれば「ki-ya」と読むのに，「きゃ」と書いてあると「kya」と読む。「濁音」「半濁音」と同様に細かい表示の違いを見落とさないようにしなければならない。

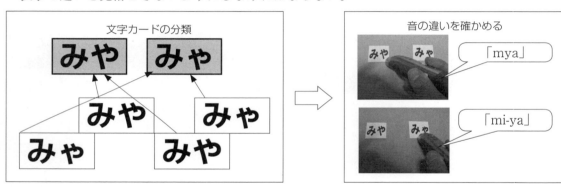

つまずきの見取り方

拗音・促音は清音の学習と同様に，その文字単体でマッチング課題を行うことと平行して，その文字が入った単語を用いて絵カードと文字カードのマッチング課題を行うことも有効である。また，拗音・促音の誤表記と正しい表記のカードを両方用意してどちらが正しいか選ぶ課題を行うとその違いが意識できる。

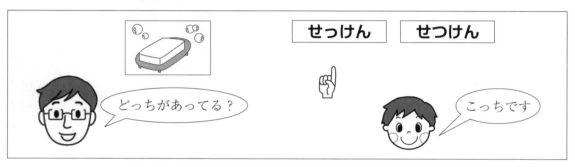

（大高正樹）

小学部3段階

10 文章理解―二語文―

指導のねらい
①名詞と動詞の2語文を理解することができる。

指導のアイデア
　日本語で難しいのは，二語文といっても「名詞」「動詞」の組み合わせだけでなく，「助詞」が必ず入る点があげられる。例えば「トイレ行く」でも，その意味は通じるが，文章としては「トイレに行く」が正解である。

　また，名詞の場合は絵カード・写真カードで表しやすいが，「動詞カード」になると，大人が見ても「この絵は何を表しているのかな？」と一瞬ためらう場合もあり，動詞を視覚的画像で表現する難しさもある。「動詞」はその名の通り，「動く」ことばなので，子どもにとって「自分が動いた経験」が不可欠である。机上学習では，動きが制限されるので，取り上げられる動詞は制限されてしまうが，その中でも「入れる」「出す」「置く」「並べる」等は比較的取り扱いやすい。「箱」「お盆」「ボール」等日常の中で比較的用意しやすいものを教材にして学習できる。

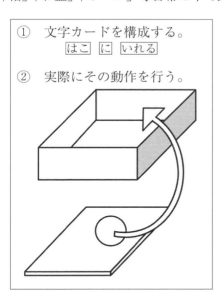
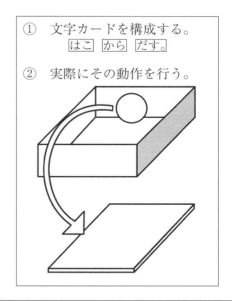

つまずきの見取り方
　上記の状況をさらに詳しく説明するには ボール を というカード加えたり，おぼん に あるいは おぼん から というカードを加えたりすることもできる。最初は少ないカードから子どもの様子を見て増やしていくとよい。また，取り扱うものも「ボール」だけでなく，色々なものを駆使して行うとよい。

（大高正樹）

自立活動の指導

11 ２つの点を意識しよう ―「点つなぎ」課題―

指導のねらい
①２つの点を意識することができる。

指導のアイデア
　幼児が１歳から１歳半くらいになると（もちろん個人差はあるが）ペンや鉛筆を手にすれば，書くような仕草をするようになる。そんな時，親は「ジージーしてるの？」などと話しかけ，幼児も「ジージー」と答えたりする微笑ましい光景が見られる。

　最初は，ペン先が逆だったりもする。その後，「トントン」と打ちつけるような書き方から「なぐり書き」に発展し，「ぐるぐる書き」や「シャーシャーと流れる直線書き」をするようになる。

　この段階では，書き始めの「始点」と書き終わりの「終点」がはっきりしていない。

　特別支援学校でも，このような書き方をする子どもに対して，「始点」「終点」をはっきりさせて書く課題として「点つなぎ」課題が多く取り組まれている。

　しかしながら，なかなか終点で止まらずに線が流れてしまうことも多い。そのような子どもに対しては，鉛筆で書く課題と並行して，「２つの点を意識させる」課題に取り組むとよい。その例として，①２つ穴プレートをさす課題，②棒と棒を輪ゴムで結ぶ課題，③左右の棒にひもをかける課題などがお勧めである。

二つ穴プレートを指す　　　棒と棒を輪ゴムで結ぶ　　　左右の棒にひもをかける

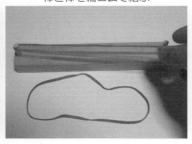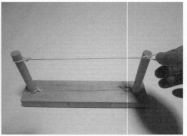

つまずきの見取り方
　このような課題を行っている子どもに対して，特別支援学校の先生方が「この子は不器用だから」とか「操作が苦手だから」と口にするのを耳にする。確かに，運動機能の問題は大きい。しかし，「運動機能の課題」と「認識力の課題」はそもそも密接にかかわっていて，特に発達年齢が２歳前後の子どもにとっては，分けては考えられないことが多い。常に双方の課題を意識していくとよい。

（大高正樹）

第2章 基礎から学べる「国語」の学習課題

自立活動の指導

12 点から点へ動かそう
―「点つなぎ」課題―

指導のねらい

①「始点」と「終点」を理解し，点から点へものを動かすことができる。

指導のアイデア

　点から点への線結び課題ができるようになるためには，「2つの点が意識できるようになる」だけでは不十分である。実際に「始点から終点へものを動かすこと」ができなければならない。さらに「終点」で止めて終わりにできるようになることが大切である。

　そのために，①棒に沿って玉を動かす課題，②溝に沿ってタイルを動かす課題が有効である。

棒に沿って玉を動かす　　　　　　　溝に沿ってタイルを動かす

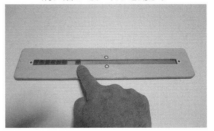

つまずきの見取り方

　「始点」から「終点」に向かって玉やブロックを動かすことができても「終点」で止めて，終わりにできず，再び始点に戻してしまう往復動作を繰り返してしまうことも多い。そんな時は「終点」の玉を抜きとれるようにしたり，ブロックが溝に落ちるようにしたりするとよい。また，そのような子どもは，動きが速かったり，力が入りすぎていたりする場合が多い。その動きを滑らかにするため，「抵抗感」のある教材に作り替えるのも有効である。③ひもに沿って玉を動かす課題，④溝に沿って磁石を動かす課題（底面にはステンレス板が貼りつけてある）などがその例である。

ひもに沿って玉を動かす　　　　　　　溝に沿って磁石を動かす

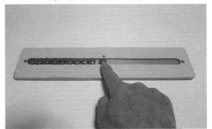

（大高正樹）

小学部1段階

13 「始点」と「終点」を理解しよう
― 「点つなぎ」課題 ―

指導のねらい
①「始点」と「終点」を理解し，点から点へ鉛筆で線を書くことができる。

指導のアイデア
　鉛筆を持って，「点つなぎ」課題を行う時，通常の用紙に点が記してあるだけでは，点と点に注目しにくい場合がある。そのような時は，自分でシールを点の上に貼り，「始点」と「終点」をあらかじめ確認させるとよい。シールを貼らずとも始点の印と終点の印を指さしてから「点つなぎ」を行うだけでもよい。

　最初は「横直線」から始め「縦直線」，「斜め直線」と色々な方向で点つなぎ課題を行うとよい。また，点と点の長さも子どもの様子により変えていくとよい。点と点の間隔が長すぎても終点まで行き着きにくいし，点と点の間隔が短すぎても，終点をオーバーしやすくなる。点と点の間隔をどれくらいから始めるのかは，その子が制約なしで線を引いた時，どれくらいの長さの線を書くのかを調べてから決めるとよい。

　初期段階では鉛筆にこだわらずサインペン，マジック，クレヨン等を使用するのも有効である。

つまずきの見取り方
　また，「点つなぎ」課題ができない子どものための補助具（補助手段）として，①くり抜き型を使用する，②用紙そのものを細長く切ってしまう，など「書くべき範囲を制限する」ことが有効である。①くり抜き方は，厚紙や板目紙をカッターでくり抜いて簡単に作成できる。また，②用紙を切って使う場合は，机が茶色い机であれば，白い用紙とのコントラストがはっきりする。白い机の上で学習している場合は，下に黒い下敷きを敷くなどしてコントラストをはっきりさせると，書くべき部分が視覚的にはっきり分かる。

くり抜き型を使用　　　　　　　　細長い用紙を使用

 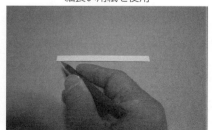

（大高正樹）

第2章 基礎から学べる「国語」の学習課題

小学部1段階

14 なぞり書きをしよう

指導のねらい

①線の上をなぞって「＋」「×」「○」「△」「□」等の線分や形を書くことができる。
②線と線の間を進み，「＋」「×」「○」「△」「□」等の線分や形を書くことができる。

指導のアイデア

　「文字」は色々な方向の「線」を組み合わせて表す。したがって，2つの点をつないで線が書けただけではまだまだ「文字」には行き着かない。線分の方向や交わりを理解し，自分で構成できる必要がある。

　通常，幼児は2歳代で「マッチング課題」や「分類課題」を獲得しながら「同じ」を理解し，さらにその過程で「見本に合わせる」力を獲得していく。3歳代になるとそのようにして身につけた力を生かし，「見本と同じように書こう（以降「模写」と記す）」とするようになる。しかしながら，細部にわたって，きっちりと模写できるわけではない。そんな時，点線の上をなぞったり，線分の上をなぞって書くようにしたり，線分と線分の間から外れないように書くようにしたりするとよい。

　最初は「＋」からはじめ「×」などに発展させたり，「○」から始めて「△」や「□」に発展させたりするなど，シンプルな図形から始めるとよい。「波線」や「ジグザグ線」にも挑戦するとよい。

線の上をなぞって書く

線の上をなぞって書く

線と線の間に書く

つまずきの見取り方

　「書くこと」と切っても切り離せない関係にあるのが「描画」の発達である。「描画」の発達で代表的なのが，「顔」の描画である。交わった線分を模写できるようになったり，○を模写する時，始点から始まり終点で閉じられるようになったりすると子どもは自然と「顔」を描こうとする。図画工作・美術等で子どもが描く様子も参考にするとよい。

（大高正樹）

小学部2段階

15 模写しよう

指導のねらい
①手本を見ながら，同じ文字を書くことができる。

指導のアイデア
「なぞり」ならできるけれども，「模写」ができない段階の子どもは多い。

文字を練習するために市販されているノートを見てみると，マス目になっていて，さらに縦横の点線で升が四分割されている。模写をしたり，文字を書いたりする際，空間上の位置でどこに該当するかを意識しながら書くための目安となるからである。同じ線でも，空間上のどこに書くか違いをはっきり区別し模写する学習が必要である。

つまずきの見取り方
模写ができない子どもは，「うえ」「した」「ひだり」「みぎ」「まんなか」「みぎうえ」「みぎした」「ひだりうえ」「ひだりした」という「方向を表すことば」と「位置」を覚え，その場所に鉛筆を持っていけるようになると，模写に役立つ。

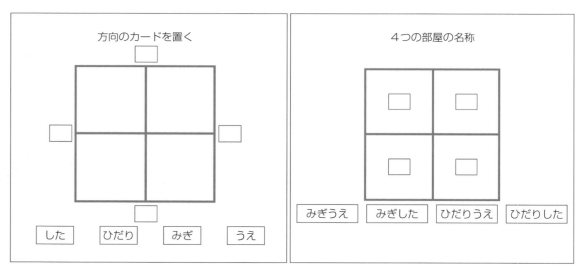

（大高正樹）

小学部2段階

16 文字を書こう

指導のねらい
①見本を見て「ひらがな」を書くことができる。

指導のアイデア
　幼児用に市販されているワーク等を見ていると,「あ」から順番になっているものと,「書きやすい文字」から順番になっているものの双方がある。「読み」から考えた時は「あ」から,「書き」から考えた時は「書きやすい」文字からの順番なのだろう。「書きやすさ」には「画数が少ない」「線分が直線に近い」「交わりの数」などの要素がある。以下にひらがなをそれらの要素で整理した例を示したので,文字を書く際に参考にしてほしい。

	直線に近い	曲線が多い	交わり一箇所	交わり二箇所	交わり三箇所	交わり四箇所以上
一画	「く」「へ」	「し」「つ」「て」「と」「そ」「の」「ひ」「ん」				
二画	「い」「こ」	「う」「え」	「さ」「ち」「よ」	「す」「み」「わ」「れ」	「ね」「め」「ゆ」	「ぬ」
三画	「に」		「か」「け」「や」	「せ」「も」「お」「は」「む」「を」	「ま」	「あ」
四画		「ふ」	「た」	「き」「な」「ほ」		

つまずきの見取り方
　これまで「文字を理解するまでの過程」と「文字が書けるようになるまでの過程」を簡単に追ってきた。これらの学習を進めていく上で,「視覚的に区別はできるけれども,自分では書けない」というのは発達上必然的である。通常,幼児でも,「ひらがな文字が読めても,書くことができない」時期がある。また,4歳～5歳にかけて,幼児は「鏡文字」を書く時期がある。特別支援学校でも,この段階の子どもは多くいる。ある程度「読み」と「書き」を分けて考え,できることから始めることも時には必要かもしれない。

（大高正樹）

2 「聞く・話す」力を育てる学習課題

小学部1段階

17 決まったセリフをいおう
― とんとんとん～誰のお家？ ―

指導のねらい

①絵本を見たり聞いたりして楽しむことができる。
②話に合わせて動作で表現したり，決まったセリフをいったりすることができる。
③部屋の住人が誰か発表したり質問に答えたりすることができる。

指導のアイデア

　あきやまただし作・絵　絵本『とんとんとん』を基に，学部の友達や先生も住人として登場する手作り絵本を作成する。手作り絵本は，切り込みを入れて実際にドアが開くようにしたり，順番を意図的に変えることができるように一場面を一枚の絵に表し，取り外しができるめくり式にしたり，部屋の住人の絵を入れ替えて変更できるようにビニール製の透明ケースを貼りつけたりなどの工夫を行う。この手作り絵本を教師が読むのを見たり聞いたり，話に合わせて「とんとんとん」「誰のお家？」「ごめんなさい。間違えました！」など決まったセリフをいったり，同時に「ドアをノックする」「口に手をあてる」「お辞儀をする」などの動作を行ったりする。また，部屋の住人（人や動物など）の名称の確認も行う。児童が学習活動を理解し慣れた段階で，学部の友達や教師，児童が興味を持っている動物や昆虫などの写真や絵に差し替え，「誰のお家？」などの質問を聞いて名称を答える活動を行う。

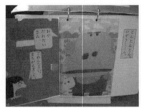

＊絵本『とんとんとん』は，友達から招待状をもらった女の子が友達のマンションを訪ねるが，どのドアが友達の家か分からず順番に「とんとんとん」とドアをたたいて探していくという内容である。身近な動物が登場して興味が持ちやすく，話の筋に親しむことにより，繰り返しの楽しさを味わうことができ，次に登場する部屋の住人への期待感を持つことができる。

授業の発展・応用として

　人や動物の名称の理解の学習に活用したり，段ボール箱などで実際に出入りができるドアを作り，役割を決めて話に沿ってセリフをいうなどの劇遊びを行ったりすることが考えられる。

つまずきの見取り方

　市販の絵本などは背景が多く描かれていて児童が何を見ればよいか分からず集中して見ることが難しい場合があるので，注視してほしいものだけを提示することが必要である。発声が難しい児童でも，動作を伴うことによって，口を大きく開け声を出そうとしたり，大きな声で話したりできることがある。

（中林由利子）

小学部1段階

18 指示を聞いて準備をしよう

指導のねらい
①指示を聞いて，行動することができる。
②聞いた指示を相手に伝えることができる。

指導のアイデア
　教師の指示「○○を取ってきてください」を聞いて，指示されたものを取ってくる学習を行う。学習では，子どもがより主体的に目的意識を持って取り組むことができるように，お茶会を行うために必要なコップや皿などの道具やお菓子，簡単な工作を行うために必要なはさみやのりなどを準備し，準備したものでお茶会や簡単な工作を行う場面を設定する。

　指示を聞いて行動するには，行動を終えるまでの一定時間，指示された内容を理解（イメージ）できなければならない。また，聞いた指示を別の人に伝える場合，指示されたことばを用件を伝えることばに置き換えなければならない。（例えば「のりを<u>取ってきて</u>」→「のりを<u>ください</u>」）そこで，学習にあたっては，次のような段階で行う。また，取ってくるものの数も，子どもの様子を見ながら1〜3個と段階的に増やすように配慮する。

　段階1　指示を聞き，目の前のテーブルに置いてあるものを取る。
　段階2　指示を聞き，離れた所にあるものを取ってくる。
　段階3　指示を聞き，見えない所にあるものを取ってくる。
　段階4　指示を聞き，用件を相手に伝えてものを取ってくる。

段階1 　段階2 　段階3 　段階4

授業の発展・応用として
　学校や家庭において，簡単な係活動やお手伝いにつなげる。また，同じ設定で，自分で書いたメモを見て，指示されたものを取ってくるといった，読み・書きの学習につなげる。

つまずきの見取り方
　段階1・2では，子どもが活動に見通しを持ち，自信を持って取り組むことができるように，子どもが指示されたものを持つと同時にすぐに褒めることが大切である。また，子ども同士で評価する機会を設定し，色々な人から何度も評価され，自信を深めさせることが望ましい。

（池田弘紀）

小学部1段階

19 読んで伝えて，買い物にいこう

指導のねらい
①身近なものの名詞を読んだり，単語を構成したりすることができる。
②身近なものの名前を，友達に伝えることができる。

指導のアイデア
　模擬のスーパーマーケットで，自分で作成した買い物メモを手掛かりに，買い物をする設定で学習を行う。

(1)本時でよく使う平仮名が含まれている行（3～4行程度）を順に，教師と一緒に声を出して読む。子どもが一文字ずつの読み方を確認できるように，パワーポイントで作成した読む文字の色が一文字ずつ変わる教材を使用する。
(2)買ってくるものの名前を読む。(1)と同様に，パワーポイントで作成した読む文字の色が一文字ずつ変わる教材を使用する。一文字ずつ読んだ後，教師と一緒に続けて読み，単語として捉えるようにする。
(3)平仮名文字チップを用いて単語を構成し，買い物メモを完成させる。教師は子どもと完成したメモを確認後，イラスト部分を切って子どもに手渡す。
(4)メモを手掛かりに，買い物をする。
(5)メモを手掛かりに正しく買い物ができたか友達と確認する。
　・買ったものを友達に見せて「○○です。あっていますか」と聞く。友達は，正誤の返事をする。

かいものメモ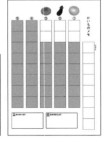

パワーポイントで作成した教材

授業の発展・応用として
　同じ形式で濁音や半濁音を読む学習につなげたり，平仮名を書いて単語を構成したりする学習を行う。

つまずきの見取り方
　文字がものの名称を表すことを理解することが難しい子どもには，パワーポイントを用いて，構成した単語が絵に変わるなどの視覚的に分かりやすい提示を行うとよい。また，構成する単語の長さも初めは2語から始めるなど，配慮をすることが望ましい。

構成した単語が絵に変わる教材
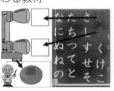

（池田弘紀）

第2章 基礎から学べる「国語」の学習課題

小学部1段階

20 よく聞いて渡そう
―エプロンシアター「くいしんぼゴリラのうた」―

指導のねらい
①エプロンシアターを，見たり聞いたりして楽しむことができる。
②教師の話し掛けに応じて，指示されたものを渡すことができる。
③話に合わせて動作で表現したり，決まったことばをいったりすることができる。

指導のアイデア
「くいしんぼゴリラのうた」（作詞：阿部直美　作曲：おざわたつゆき）に合わせて，エプロンシアターを行い，以下のように学習活動を設定する。
(1)児童は，好きな野菜や果物などの食べ物の模型を選んで持ち，いすに座って教師の行うエプロンシアターを見る。
(2)「○○をみーつけた♪　○○をちょうだい」の教師の歌とことば掛けで，歌に出てきた食べ物を持っている児童は前に出て，食べ物の模型をエプロンのゴリラの口に入れる。
(3)全員で，ゴリラのように胸を左右交互にたたくなどの振りつけをしながら「どんどこどんどん，どんどこどんどん，あーうまい」と，決まった台詞をいう。終わったら，前に出ていた生徒は席に戻る（(1)～(3)を子どもの実態に応じて数回繰り返す）。

エプロンシアター「くいしんぼゴリラ」は，くいしんぼうのゴリラが，果物や野菜などの食べ物を次々と見つけ，食べる内容の話である。話をしている教師に注意を向けたり，話を聞き続けたりすることが苦手な子どもにも，繰り返しのある話で見通しが持ちやすい，適度に体を動かすことで活動への集中が持続しやすい，興味・関心を引く音楽の活用で注意が向きやすい，などの効果が期待できる。また，聞いていなかった場合でも，友達から「○○ちゃん，バナナだよ」と，声を掛けてもらって行うなど，子ども同士がかかわりながらお互いの「聞く」力を高めていくことも期待できる。

授業の発展・応用として
ゴリラが食べるものは，子どもが知っている身近なものから扱い，「何を食べた？」などの簡単なやり取りにつなげる。徐々に知らないものも取り入れ，食べ物の名称理解へとつなげる。

つまずきの見取り方
席に座り続けていることが難しい子どもでも，場面に合った活動として席を立つ活動を行うことで，適切な学習態度の形成へとつなげていく。また，手に模型などを持つと，指でたたく，かじるなどの感覚遊びを始める子どもに対しては，模型の材質をフェルトに変えるなどの実態に応じた工夫が必要な時もある。

（池田弘紀）

小学部2段階

21 なんの音かな？　聞き分けよう

指導のねらい

①動物の鳴き声や乗り物の音などを聞いて，なんであるか名称を答えたり，絵・写真カードを正しく選んだりすることができる。

②動物や乗り物などの絵・写真を見て，その鳴き声や音を模倣して表現することができる。

指導のアイデア

動物の鳴き声や乗り物などの音を聴いて名称を答えたり，模倣して表現したりできるように以下のような学習活動を設定する。

(1)子どもの興味・関心を高めるために，動物の写真やビデオなどを見ながらCDやICレコーダーで鳴き声や音を聴き，名称を確認する。名称を確認する際は，名称を表記した文字カードも一緒に提示する。取り上げる動物や乗り物などは，身近なものや子どもの経験を活かしたものを取り上げる。(参考：CDサウンド・カードこの音なあに：アミーワールド)

　　＊動物　にわとり・うし・うま・いぬ・ねこ・ライオン・ゾウ・せみ・かえるなど
　　　楽器　ピアノ・ラッパ・たいこ・ハーモニカ・オルゴールなど
　　　乗り物　オートバイ・救急車・消防車・ヘリコプターなど

(2)「なんの音かな？　あてっこゲーム」を行う。CDで音を聴き，その動物やものの名前を答えたり，写真や絵カード，文字カードを選択したりするゲームを行う。

(3)動物の鳴き声や乗り物の音などが理解された段階で，CDで音を聴いたり，写真を見たりしてその鳴き声や音を模倣して表現する活動を合わせて行う。

(4)普段の授業中や校外学習などで，「せみがミーンミーンって鳴いてるね」「救急車ピーポーピーポーって走っていったね」など，ことば掛けを行い鳴き声や音などを教師と一緒に確認する。

授業の発展・応用として

動物や乗り物などの鳴き声や音の平仮名や片仮名での表記の仕方の理解を促すための学習を行う。

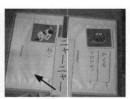

つまずきの見取り方

動物などに興味を示さなかったり，鳴き声や音を実際に聞いたことがなかったりする子どもがいるので，実態に応じて，身の周りのものの音を中心にして課題を進めることが考えられる。また，聴覚過敏で，CDなどの音を苦手とする子どももいるので，子どもの様子を見ながら音量や取り上げる音などの選択を行うことに注意する必要があると考える。

（中林由利子）

小学部2段階

22 大きな声で伝えよう
― お話あそび「イグアナレストラン」―

指導のねらい

①お話「イグアナレストラン」を見たり聞いたりして楽しみ，レストランに来た客や注文したメニューなどを答えることができる。

②注文されたメニューの材料（野菜・調味料など）を友達に伝えたり，材料を聞いてその絵カードを正しく選んだりすることができる。

指導のアイデア

パネルシアター「イグアナレストラン」（増田裕子著）を基に，プレゼンテーションソフトでお話教材を作成し，以下のような学習活動を行う。

(1)教師のするお話「イグアナレストラン」を見たり聞いたりし，教師の質問に答える。（質問：レストランに来た動物は何か？　なんのメニューを注文したか？　など）パソコン画面上に動物などを登場させる際は，注目しやすいように効果音を入れたり強調などのアニメーション効果を工夫したりする。質問する際は，文字やシンボルで表した質問カードを同時に提示して行う。

(2)お話の筋を概ね理解した段階で，子どもがイグアナのコック役になり，注文されたメニューの材料（野菜・調味料など）が描かれた絵カードを集める活動を行う。子どもが意欲的にメニューの材料を友達に伝えたり，友達から聞いた材料の絵カードを集めたりすることができるように，材料絵カードは，パズルの切片の形とし，正しく絵カードを選び裏返して組み合わせることができれば，注文したメニューの絵が完成する設定とする。

授業の発展・応用として

学習を進める上で，生活単元学習の調理学習と関連させてメニューや材料を決めたり，子どもの文字の理解度に合わせて，材料ボードの表記を平仮名から片仮名に変更したりすることが考えられる。また，イグアナのコックや客役，進行係（パソコンを操作してお話を進める），曲係（iPadを操作して歌を流す）など役割分担を決めて劇遊びを行うことも考えられる。その場合，お話の画面上に，役割が分かりやすいように子どもの顔写真やセリフを入れる工夫を行う。

つまずきの見取り方

「友達に伝える」ことを意識せずに，ただ材料名を読み上げようとする子どもがいる場合は，友達の顔を見る，友達の名前を呼んで返事が聞こえたら伝えるなどの手続きを入れることが一つの支援の方法と考えられる。また聞き手側も同様に相手を意識できるようにする。

（中林由利子）

小学部2段階

23 最後まできちんと聞こう
―スリーヒントゲーム―

指導のねらい

①教師や友達が順番に出す3つのヒントを聞いて、該当する絵カードや写真カードを選ぶことができる。

指導のアイデア

読み手が順番に読む「ヒント」を頼りに、何枚かの絵や写真の中から該当する内容の絵や写真を選ぶルールのゲームを行う。子どもが学習課題のルールが理解しやすいように最初は、市販の「スリーヒントゲーム」（学研）を使用する。絵札には、12種類の動物が描かれてあり、1種類の動物でも姿態、衣服の色等が違うものが描かれている。学習課題に慣れてきた段階で、授業場面などで子どもが活動している様子を撮影した写真カードを使用し、「○○さんです。（人）」「○○にいます。（場所）」「○○をしています。（活動）」のヒントを聞いて選択する課題を行う。この学習課題と並行して、人や動物、場所、形、色、動きのことばなどの理解の学習も行っていく。

<ヒント例>
①ぞうです。
②あおいふくを　きています。
③はを　みがいています。

授業の発展・応用として

話などを終わりまで聞いて内容を理解することができるようにするために、「ヒント」を聞いて、写真や絵カードを選択する学習活動だけでなく、「ヒント」を聞いてものを取ってくるお手伝いゲームや動きを行うジェスチャーゲームなどを行っていくことが考えられる。

つまずきの見取り方

最後まで聞かずに最初の「ヒント」を聞いただけで写真や絵カードを選択しようとする子どもがいる場合は、マグネットをミニボードに貼り、「ヒント」が読まれるごとにマグネットを外していき、なくなったら写真・絵カードを取るルールを入れ、「ヒント」の数を視覚的に示す方法が考えられる。聞いたことを長い間覚えていることが難しい子どもがいる場合は、何に注目すればよいか分かりやすいように写真・絵カードを最初の「ヒント（例　動物や人）」ごとに分けて並べるなどの方法が考えられる。活動に慣れてくれば写真や絵カードを整列からランダムに並べて行うのもよいと考えられる。

（中林由利子）

小学部2段階

24 しっかり聞こう―ザ・お買い物ゲーム―

指導のねらい

①ルーレットを回し出た数を友達に伝えたり，聞いた数だけコマを進めたりすることができる。
②止まったマスのカードに書かれた「場所：○○スーパー」「買う物」を読み取り，「○○をください」と友達に伝えて依頼することができる。
③友達の依頼を聞いて，その品物カードを「○○，どうぞ」といって渡すことができる。

指導のアイデア

相手の話を聞いたり，意思を相手に伝えたりすることをねらいとし，子どもが興味を持って取り組むことができる「買い物」場面と「遊びの指導」で意欲的に活動できるようになった「すごろくゲーム」を組み合わせて以下の学習活動を設定する。

ゲームについて
＊ルーレット係は固定にし，子どもたちはスーパーの店員役を同時に行う。
＊友達の顔写真にマグネットを置くことで，コマを動かす順番が視覚的に分かるようにする。
＊ゴールの家のマスに全員コマを進めることができたら終了とする。終了後買った品物を発表する。

(1)ルーレット係は離れた場所でルーレットを回し，出た数を伝える。
(2)出た数を聞いて，その数だけコマを進める。進めるコマの数が聞き取れない場合は，「もう一度いってください」と依頼する。
(3)止まったマスを読み取り，該当する友達にほしい品物を伝える。
(4)該当するスーパーの店員役の子どもは依頼を聞いて，その品物カードを「○○，どうぞ」といって渡す。

この学習を通して，実際に家庭や学校生活の中で役立つことばの習得や身近な品物の名称の理解なども合わせてねらいとして学習を行う。

授業の発展・応用として

子どもがこの学習活動を理解し，やり取りも慣れた段階で，生活科や算数の学習として，このゲームを行い，品物を買う活動に合わせて値段に合う硬貨を出す学習活動を行うことが考えられる。

つまずきの見取り方

子どもが，お客とスーパーの両方の役割を担うことが難しい場合は，スーパーの役を教師が行い，実生活の場面を想定して色々なやり取りができるように学習を行うことが必要である。

(中林由利子)

高等部1段階

25 整理して，伝えよう
―お楽しみ会への招待―

指導のねらい

①伝えたいこと（すること，日時，場所，持ち物など）を整理して話すことができる。
②聞いたこと（すること，日時，場所，持ち物など）を整理してメモに取ることができる。

指導のアイデア

　3人ずつの2グループに分かれ，お楽しみ会に必要な道具や材料などを伝える活動と聞いてメモを取る活動を交互に行い，メモを手掛かりに準備したものでお楽しみ会を実施する。

・伝える手段として携帯電話を使用し，伝えたり，聞いたりする意識をより強く持てるようにする。
・伝えたい内容や聞いた内容を，項目に沿って整理できるように，各生徒の実態に応じてワークシートを準備する。
・グループを構成する3名は，各活動の係を順に行う。終わったら，相手グループと活動を交代し，交代した活動の係を順に行う。

ワークシートの例

「伝える」活動	「聞く」活動
①用件を伝える係	①用件を聞く係
②用件を正しく伝えたかを評価する係	②用件を正しく聞き取ったかを評価する係
③話し方の評価をする係	③聞き方の評価をする係

・評価をする生徒は，チェックシートを用いて，用件を伝える生徒や聞く生徒に，よかった点や改善点をアドバイスする。評価する活動を通して，友達のよさを自分の活動に反映させるようにする。
・各グループの活動を動画に撮り，各シートと合わせて振り返る。よかった点や，間違った原因など，全員で共有できるようにする。

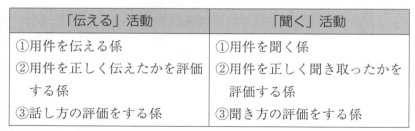

聞き方のチェックシート

授業の発展・応用として

　総合的な学習の時間でも，校外学習に必要な事柄を伝え合う学習を行う。長期休業中に，子ども同士で遊びに行く計画を立て，友達と電話で連絡し，遊びに行く姿へとつなげる。

つまずきの見取り方

　設定した伝える・聞く内容が，単語の長さや意味理解，色や数などの概念，発音の状態など，伝え手と聞き手の両方の子どもの実態に合っているか，十分な検討が必要不可欠である。

（池田弘紀）

高等部1段階

26 メモを取ろう―今日の運勢は？―

指導のねらい
①伝えたい内容を項目に沿って，正確にまとめることができる。
②項目に沿ってまとめた内容を正確に伝えたり，聞いてメモに取ったりすることができる。

指導のアイデア
　子どもが主体的に友達と伝え合う姿を達成するためには，子ども自身が伝え合うことの楽しさや大切さに気づいたり，誰に対してなんのために行うのかといった相手意識や目的意識を持ったりすることが大切である。そこで，題材には，子どもたちにとって関心が高い占いを取り上げ，友達同士で伝え合う学習活動を設定する。

(1) 友達とペアになる。友達の誕生日を聞き，星座を調べる。また，友達の質問に答え，自分の誕生日を教える。
(2) 占いサイト（YahooやYahooキッズの12星座占いなど）を見て，友達の今日のラッキーアイテムやカラー，総合運などを項目に沿ってシートに記入する。
(3) 項目に沿ってまとめた内容を，友達の前で発表する。また，友達の発表を聞いた時は，メモを取る。
(4) メモを基に，自分が持っているラッキーアイテムやラッキーカラーのものを探したり，準備したりする。

授業の発展・応用として
　朝の会の日課確認において，係からの集合場所や集合時刻などの伝達を聞き，自分の手帳にメモを取るなど，いろいろな学習場面で応用する。

つまずきの見取り方
　聞き理解やメモの取り方は個人差が大きく，指導においては子どもの実態を正しく理解し，配慮することが大切である。例えば聞き理解においては，「ノート」と「コート」のように似た単語を聞き違えたり，「ホットケーキミックス」のように長い単語を途中までしか聞き取れなかったりする子どもがいる。伝える内容に配慮した題材設定が必要である。メモを取ることも，さまざまな理由で苦手としている子どもがおり，項目と内容の両方を書くシートや，記入された項目に沿って内容だけを書くシートなど，子どもの実態に応じた数種類のシートを準備しておくとよい。

シートの例

『今日の運勢は！？』
○分かりやすく伝えよう。
○話を聞いて，メモを取ろう

名前		生年月日	平成　年月　日生
星座			
総合運	点中	点	位
恋愛運	点中	点	
金銭運	点中	点	
仕事運（勉強）	点中	点	
ラッキーカラー			
ラッキーアイテム			

（池田弘紀）

3 「読む・書く」力を育てる学習課題

小学部1〜2段階

27 名詞と動作語を増やそう
―おむすびころりん―

指導のねらい
①文カード（「〜が〜する」）を読み，状況をイメージし具体物を操作する。（読む・動作化）
②絵や具体物を見て，文カードを選択する。（読む）
③様子を捉えながら，状況に合う単語を空欄にあてはめる。（読む・書く）

指導のアイデア

　昔話の「おむすびころりん」である。文体は子どもが使い慣れたことば（「おむすび」→「おにぎり」）に直し，一文の長さや話の内容も平易にしている。おむすびが転がったり，穴に落ちたりする動きを目で確かめられるような模型を使い，名詞や動作語について視覚化をはかれるようにしている。模型の背景部分には，マグネットつきの文カードを貼りつけられるようになっていて，ページ（背景）をめくりながら学習を進めていく。絵本形式にすることで場面ごとの区切りが明確になる。

文カード
（背景に張りつく）
背景部分
（めくることが可）

絵本シアター

(1)文カードを音読し，正しい絵を選択する。

| おじいさんが，きに　すわります。 | (a) (b) | (a) 木に座る
(b) 座布団に座る |

(2)お弁当箱を見て状況を捉え，カードのに単語をあてはめて音読する。

(3)文カードを音読し，操作した後で，カードのに単語を書く。

立体部分
（坂道）
ミニチュア

授業の発展・応用として

・「誰・何」等の疑問代名詞の質問に答える。（疑問詞の理解・読む・書く）
・さまざまな人やものを操作し，「〜が〜する」と文で表現する。（状況の理解）
・絵や文カードを選びながら，自分の本を作る。（イメージの広がり）

おべんとうは，おにぎり　です。
おにぎり　が，5　こ　です

ころりん，ころころ，ころころ
おにぎりが，ころがっています。
おにぎりが，あなに　おちました。
まてー，まてー，おじいさん　が，いいました。

つまずきの見取り方

　自分を取り巻く状況とことばの一致がはかられてきた子どもの中に，馬を「くま」，見るを「配る」という等，字の並びが似ていて混乱したり，知っている動作語で表現してしまうケースが見られたりする。形をたずねた時に色を答えていることもある。物（名称）や状況（動作語）を表すことばは，繰り返し扱うようにしながら，生活の中で正しく使えるようにしていきたい。

（堀内結子）

第2章 基礎から学べる「国語」の学習課題

小学部1～2段階

28 ことばの概念理解を広げよう
―男の子？ 女の子？―

▎指導のねらい
①単語をまとまりで捉え，ペープサートで表現する。（読む・動作化）
②顔写真を性別ごとに仲間分けする。（分類）
③顔写真を見て性別を考える。（概念の理解）

▎指導のアイデア
　運動会の徒競走の場面をストーリー仕立てにして，身近な友達を男女に仲間分けすることを課題にした。段ボールで作成したミニシアターの中で，ことばと動きを合わせながらペープサートを操作していく。環境の刺激を受けやすい子どもに対して，シアターのような空間を作ると，注目する部分がはっきりし学習に集中しやすくなる。

かけっこ用操作棒

(1) 音読し，友達やグッズや順番を考え，シアターのペープサートに貼る。

> うんどうかい です。
> ともだちが，おうえんを しています。
> はたを ふるのは，たろうくん です。
> となりに ゆうたくんと，ともこさんが，います。
> おうえんの れんしゅう です。
> 　ふれー，フレー。　がんばれ，ガンバレ。

ひらがなの後，カタカナで表し，カタカナの読み方にもふれていくようにする

(2) 音読し，顔写真を選び，ぼうしの色を対応させながらペープサートに貼る。シアターの装置を子どもと教師がそれぞれ動かして，かけっこをする。

> はしる ともだちは，けんくんと，ゆかさん です。
> あかは，おとこ です。
> しろは，おんな です。
> 　ようい，どん！

(3) かけっこが終わったら，顔写真を男女に貼り分け，正誤確認をしたり，数を数えたりする。

▎授業の発展・応用として
・名前を聞き取って，空欄に書き込みながら活動する。（短期記憶・書く）
・日常の中で，ヒントカードを使って（使わずに），性別を考える。（般化）

▎つまずきの見取り方
　男女の区別が難しい場合，制服のカードやトイレマークを提示すると理解につながりやすい。

（堀内結子）

小学部2段階

29 共通点や違いを捉えよう
―金のおの　銀のおの―

指導のねらい
①短文を読み，ものの様子に着目して選んだり，動作語を捉えて操作したりする。（読む）
②特徴を見つけ，違い（色・形）や共通点（用途・色）を単語で表現する。（弁別・仲間分け）

指導のアイデア

物語「金の斧と銀の斧」のアレンジである。子どもが使い慣れていることばに言い換えたり，一文の長さを短くして提示している。

ミニチュアの操作を通して，イメージを具体化させながら進めていく。3本の斧の色の違いや斧と別の道具（のこぎり）を比較させたりして，弁別の力やことばの意味理解を深めていく活動にする。

(1)短文を読み，正しいミニチュアを選ぶ。（服の色と道具の弁別）

| 青い服を着た　きこりが，おのを持っています。 |

(a) 赤い服で斧を持つミニチュア
(b) 青い服で斧を持つミニチュア
(c) 青い服でのこぎりを持つミニチュア
※道具は，手からとりはずしが可能

(a)　(b)　(c)

(2)道具を選んだり，動作語の違いを捉えながら，ミニチュアを操作する。

| 神様が，水の中から 出てきました。
手には，金色のおのを もっています。 | ⇔ | 神様は，水の中に もどって いきました。 |

(3)状況を思い出して，返答する。

| （神様）あなたが，落としたのは，このおの（金色）ですか。 | → | （児童）ちがいます。 |

授業の発展・応用として
・話を聞いて，情景を思い浮かべながらミニチュアを選ぶ。（短期記憶）
・問いかけに返答をしながら，理由を述べる。（一般的な知識の理解）
　例：「なぜ，きこりは困るの？」→「斧がないと，仕事ができないから」

つまずきの見取り方

対象物を複数の角度から捉える力が育ってきたら，「斧とのこぎりの似ている（違う）部分は？」と問いかけてみる。判断が難しい場合が多い。ものやことば同士のつながりを認識させていくために，何が同じで（違う）かを見いだす活動もさまざまな場面で扱っていきたい。

（堀内結子）

第2章　基礎から学べる「国語」の学習課題

小学部2段階

30 形や色を読み取ろう
―トンネルをぬけると？―

指導のねらい
①形や色に着目しながら短文を読み取り，正しく操作する。（読む）
②共通点を見つけながら，ことばの理解を深める。（物の見方の広がり）

指導のアイデア

「とんねるをぬけると」（作：片山健）という児童書がある。電車がトンネルをくぐるたびに，乗客が「だるま→ふくろう→サボテン→えんとつ」等に変わっていくユーモアにあふれた物語である。この話を作り替え，バスがトンネル（3カ所）を通過すると，乗客が簡単な形におきかえられるもの（例：○＝ドーナッツ，□＝食パン，○＋△＝てるてる坊主）へと変身していく内容にアレンジした。

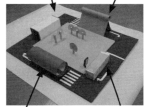

トンネル2　トンネル3
形（四角）　形（まると三角）
色（白）　色（灰色）

トンネル1　バス
形（まる）
色（茶色）

(1) 短文（3～4文節）を読み，ミニチュアのバスを操作する。

> おうだんほどうを　つうか　します。
> 茶いろの（又はまるい）トンネルをくぐり，
> とちゅうで　とまります。（―へんしん　するよ！―）

(2) 乗客が何に変身するか，知りたい要素（形や色）を質問して，答えを考える。

（児童）「形は，何？」
（教師）「丸です。」
（児童）「色は，何？」
（教師）「茶色です。」
（児童）「ドーナッツ？」

※トンネルの形と色もヒントとなっている。トンネル2は「豆腐」，3では「てるてる坊主」に変身する

（トンネル）

トンネルを　ぬけます。
人が，へんしん。
ドーナッツに　なった。

※本児が思考中に，バスに変身後のカードを貼りつけておく（人間→ドーナッツ）

(3) トンネルをくぐり抜けたバスを見て，正誤確認する。

授業の発展・応用として
・バスの乗客が変身した順番を思い出す。（短期記憶）
・自分で話を考える。（オリジナルの作品作り・イメージの広がり）

つまずきの見取り方

伝えたいものの名称を思い出せない子どもを見かける場面がある。その時，「色は何？」「形は何？」と問いかけてみると，子どもの返答を手がかりとして，名称を汲み取れることがある。色や形の弁別学習と並行して，見立て学習（「△や○は，おでんの蒟蒻と大根」「図形を組み合わせて魚や家を構成する」等）も豊富に扱っていけるとよい。

（堀内結子）

小学部2〜3段階

31 受動態を理解しよう
―引っぱるの？　引っぱられるの？―

指導のねらい
①指示文を読み，ものを操作しながらやり取りし受動態の理解を促す。（読む）
②状況を見て，様子を正しく表現する。（書く）

指導のアイデア

　二者の立場を客観的に捉え，正しいことばの使い方の獲得を目指していく活動である。

(1)指示文を読み，引っぱる側のミニチュアと台車にのせて引っぱられる側のミニチュアを線路上に設置する。

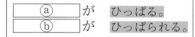　←単語ごとに分けて提示すると，ことばのまとまりを意識しやすくなる

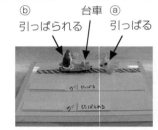

台車の前方には，輪にした紐をつけ，引っぱる側のミニチュアにひっかけてつながるようにする

(2)指示文を声に出して読みながら，線路の上を動かし（引っぱる側を動かす），状況を視覚的に捉えながらことばの使い方を覚える。

(3)教師の操作を見て，様子を単語で書く。

授業の発展・応用として

　二段式の入れ物を連ねてハウスを作り，上段は部屋，下段は車庫に見立てる。

・押す↔押される。（受動態の状況理解）
・部屋を2カ所聞き取ってミニチュアを出したり，指定された車庫をあけて台車を出したりする。（短期記憶）
・もとの部屋と車庫へミニチュアを戻す。（短期記憶）
・車庫から駅まで続く線路を進む。（迷路）

上段：ミニチュア部屋
下段：車庫　　　　　駅

つまずきの見取り方

　語彙が豊富であっても，受動態と能動態の使い分けは不十分なことが多い。（例：「渡しました」「渡されました」，「あげる」「もらう」）日常のささいなやり取りの中で，その都度丁寧に扱うようにして，体感させながら理解につなげていくことが大切である。

（堀内結子）

小学部3段階

32 時系列を捉えよう

指導のねらい

①時系列上のつながりを捉える。
②絵カードを見て，それに適した説明ができる。

指導のアイデア

　発達検査などにも「絵画配列」の項目があったり，市販の問題集（小学校入試用や4歳以上用の幼児ドリルなど）にも「絵画配列」の問題があったりするが，その絵画配列問題を活用する。①まず絵画配列をする。②次に，説明文カードを作り，読んでから配列する。③さらには，虫食いカードを作り（　）を穴埋めする。④最後は，自分で絵画の説明文を自分で書く。

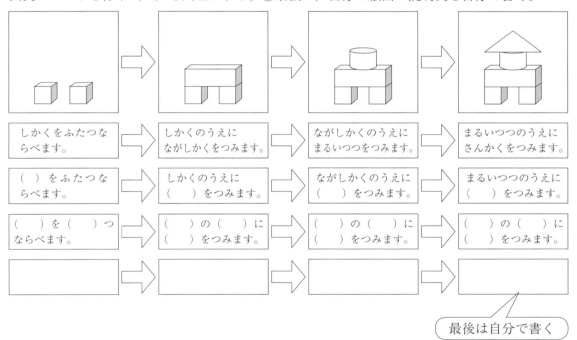

最後は自分で書く

つまずきの見取り方

　穴埋め問題として（　）を作る時は，まず名詞部分を（　）にするとよい。子どもの様子を見て（　）の数を増やしたり，動詞部分，助詞部分を（　）にしたりするなどバリエーションを設けるとよい。当然，絵画の種類にもバリエーションを設けるとよい。最終的に自分で説明文を書く時は，最初は教師の手本を写すようにしてもよい。

（大高正樹）

小学部3段階

33 順序を理解しよう

指導のねらい

①前後の位置関係を理解することができる。
②「〜が」という主語が変わると，着目すべき主体が変わってくることを理解する。

指導のアイデア

　日常生活での教室移動や校外での活動で，集団で列になって歩く場合が多い。そんな時，ペースの違いから，前の友達を追い抜いたり，列がずれたりすることが多い。「〇〇君の後ろだよ」「〇〇君が前」などと声をかける場合も多いが，厳密にそのことばを理解しているのだろうか？という疑問から取り上げた。「〜が」という主語が変わると，着目すべき主体が変わってくることが中心課題となる子どもに対して取り上げた。掲載の都合上，動物イラストで掲載したが実際はクラスの友達の写真で取り組んだ。

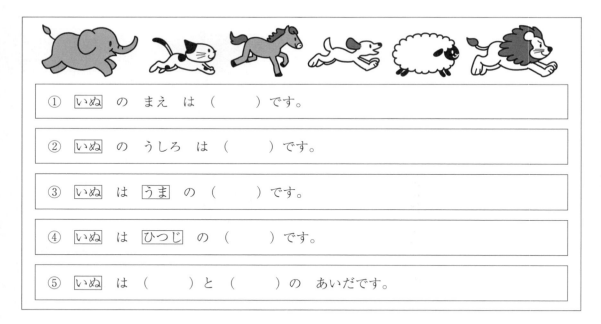

つまずきの見取り方

　プリント紙面上だと，分かりにくい様子が見られる子どももいる。その場合は，カードを作成し，カードを並べる方式で同様の学習を行うとよい。また，今回は，前から3番目を想定したが，実際の並び順を変えながら，色々な位置の学習プリントを作成して，学習を行うとよい。

（大高正樹）

第2章 基礎から学べる「国語」の学習課題

小学部3段階～中学部1段階

34 日記を書こう

指導のねらい
①自分を表すことば「ぼく」「わたし」等を使えるようになる。
②「未来のこと」と「過去のこと」を区別する書き方を理解する。

指導のアイデア

　小学部高学年から中学部段階では，宿泊行事として移動教室が設定されている場合が多い。子どもにとって身近に経験することなので，文章が読めたり，書けたりする子どもには，「しおり」と共に，「文章問題」を手作りしている。

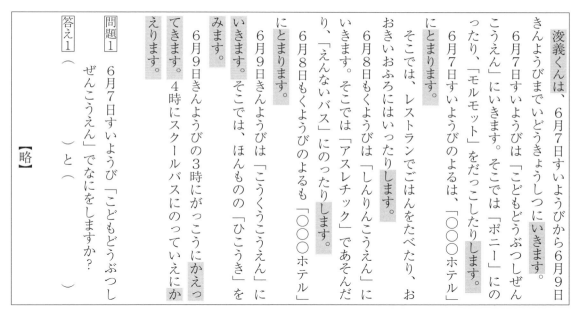

　実際に，移動教室を経験して帰ってきた後，事前学習で学習した教師作成の「説明文」を「日記」に書き換える。その際に，アミかけ部分，「浚義くんは」を「ぼくは」に変えること，文章の最後をすべて「～しました。」に変えること，事前の予定と変わった内容（行き先が変わったり，時間が変わった時は）を訂正する。最後に「○○がいちばんたのしかったです。」と感想を誘導する。

つまずきの見取り方

　漢字をどれくらい使うのか？　漢字にルビを振るのか？などはそれぞれの子どもに合わせて作り替えている。また，写真やイラスト入りの「移動教室のしおり」をヒントに問題を解いたり，日記を書いたりするとよい。

（大高正樹）

中学部1段階

35 ものの名前や数を読み取ろう
―ケーキができた！―

指導のねらい
①ものの名前と数（量）を読み取って，操作する。（読む・短期記憶）
②読んで写真を選んだり，写真を見て名称を書いたりする。（選ぶ・書く）

指導のアイデア
　できあがる（何かが完成する）という目的があると，子どもの学習意欲は一段とアップする。ここでは，ものと数の2つの要素を読み取りながらチョコケーキ作りを行う。文字からの情報を用いて活動する楽しさや，読み取ってできたという経験を通して自信や達成感につなげていければと考える。

(1)目隠しをして，作る物の味や食感を味覚から考える。

数字については，「(スプーン) 2 (杯)」という意味であるが，情報量を減らすためにあえて省く

(2)見たり，味わってヒントを得たりしながら，使う材料の名称をいう。

こな（ホットケーキの素）　ココア　たまご　ぎゅうにゅう　チョコ

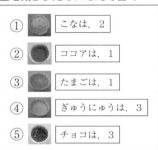

図1

(3)文カードを読み進めながら，材料を混ぜ合わせる。
(4)出来上がりを食べて，感想をいう。
(5)①写真を貼り，②③の空欄にことばを入れてまとめる。（図1）

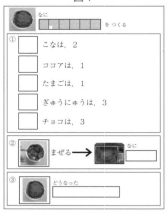

授業の発展・応用として
・「たまごと　牛乳を　2」のように，一回の読み取りの要素を増やす。（読む・短期記憶）
・作ったケーキを身近な人に届け，材料や作り方を説明する。
　（コミュニケーション・簡単な説明）

つまずきの見取り方
　身近な食材であっても，「色・形・味」についてや，器に移す前はどんな状態であったか（例：卵は殻の中に入っている，牛乳はパックに入っている）を問いかけてみると，認識が不十分であることが多い。さまざまな角度からやり取りを行い，ものを見る力やそのものに対する知識を増やしていけるとよい。

（堀内結子）

中学部1段階

36 様子をことばで表そう
―かたい？　やわらかい？―

指導のねらい
①短文を読み，操作する。（動作語の理解・動作化）
②2つのものの状態をことばで表現する。（様子を表すことばの理解）

指導のアイデア

身近な材料を用いて，状態や動作に関することばの理解を促すことを意図した活動である。動作化を通して，体感しながらことばとの一致をはかっていけるようにしたい。

(1)箱に手を入れて，何が入っているか触って考える。

→取り出して正誤確認をする。

(2)竹串でさして，状態をことばで表す。

(3)文カードを読み，写真を選択し，やり方を確認する。

例　かみをしぼる
　　じゃがいもをつつむ

(4)手順に沿って，文カードを読み進めながら操作する。（図2）

(5)できあがったものと最初の状態のものを竹串でさして比べ，感覚の違いをことばで表す。

(6)プリントでまとめをする。（図1）

図1　他に，動作語の記入欄の分割線をとって文字数のヒントをなくしたり，動作語を表記した文を読んで，写真を選択して貼るようにする等，さまざまなまとめ方ができる

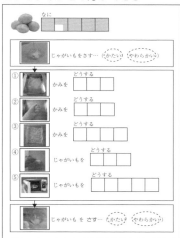

図2

授業の発展・応用として
・他の芋類で行なったり，餅を使って，火を通す前後の状態の変化を比べたりするのも楽しい。

つまずきの見取り方

「かたい・やわらかい」や「長い・短い」等の判断は，感覚的な基準に基づくものであるため，混乱を来しやすい。最初は，感触や状態の違いがはっきりと異なるもの同士を比べるようにしながら，見た目や感触の違いをつかませ，ことばと合わせていくようにしたい。

（堀内結子）

4 「伝え合う力」を育てる学習課題

中学部1段階

37 内容・ことば・文字を結びつける力をつけよう—がっこうカルタで遊ぼう—

指導のねらい

①活動の名称，出来事，文字の3つの条件を考慮して短い文を作る。
②聞いて内容を理解したり，文字を探したりする。

指導のアイデア

グループ学習で取り組みたい課題である。ひらがな清音46文字分のカルタを作るため，学校の授業や行事などの写真46枚と，読み札用のカード46枚を用意する。まず，授業や行事の写真から，文を作る担当を決める。次に子どもの実態に合わせて，①写真の活動名の頭字（最初の文字）から文を作る，②先に活動の様子を文に作り頭字にする，③頭字から始まることばを内容に応じて考えて文を作る，など段階的な課題に応じて読み札を分担する。読み札の頭字と同じ文字を写真に書くが，文字の読みを主な課題とする場合は表に，聞き取りを主な課題とする場合は裏に書いておく。

授業の発展・応用として

学校全体をテーマにするのではなく，運動会の思い出や，校外学習で調べたこと，インターンシップで気をつけることなど，テーマを絞り，行事の事前・事後学習としても活用できる。

つまずきの見取り方

言語の獲得や物事の理解には，「制約」が働いているといわれている。考えるテーマを決める，余計なものを隠す，時間を区切るなど，条件を制約することで，必要な事柄に思考を集中させることができる。ことわざやキャラクターなどテーマを決めることで，そのことについてだけの経験や知識を検索すればよいし，「頭字」を指定することでその文字のつくことばを考え，絵札と関係あるかどうかを判断すればよい。制約を適切に設定し，活動内容とことば，文字を結びつけることで思考を深め，表現を豊かにしていきたい。

（山﨑嘉信）

第2章　基礎から学べる「国語」の学習課題

中学部1段階

38 情報を収集・整理する力をつけよう
―町のカタログを作ろう―

指導のねらい
①日常見慣れているものについて，観点を決めて話し合う。
②物事の特徴を分かりやすい文で表現する。

指導のアイデア

「街灯」「信号」「マンホール」「壁・フェンス」「看板・ポスター」などからアイテムを選び，町に出かけ，たくさん写真を撮ってくる。そのもののアップ写真だけでなく，周辺の様子も分かる写真も撮っておく。次に，アイテムの特徴を記録する項目を決める。例えば，「街灯」では，設置場所，柱の形，高さ，シェードの形，色，その他気づいた特徴，オススメ度などである。一枚ずつ写真を見ながら，どんなところに立っている街灯か，「高い」といっても，近くにある家の屋根より高いのか，並んで立っている電柱と比べるとどうか，違う街灯がすぐ近くに立っているのはなぜか，など短い文で書く。ワープロで入力したり，ワークシートに自分で記入したりするなど，子どもの課題に応じて記述する方法を設定する。はがき用紙に印刷し，ポストカードファイルに差し込んでいくと，見やすく見栄えのいいカタログになり，展示してお互いに見合うことができる。

授業の発展・応用として

異なるアイテムの項目を比べることで，新しい視点に気づくことができる。街灯は「高さ」だが，マンホールは「大きさ」である。マンホールに「マーク（市町村のシンボルなど）」はあるが，街灯にはない。これらの理由を考えることでものの見方を広げることができる。また，校外学習や修学旅行などに行く時にも，同じアイテムの写真を撮ってきて，カタログに加え，自分の地域との違いを考えるなど，単元を横断的に充実させることができる。

つまずきの見取り方

普段目にしていても，注意を向けていないことには気づかない。同じ視点で比べることで，自分の持っている知識と新しい事柄とを結びつけ，認識を深めることができる。その結果，表現のバリエーションも増やすことができる。

（山﨑嘉信）

中学部1段階

39 因果関係を理解しよう
―ふきだしにセリフを入れよう―

指導のねらい
①物事の因果関係を意識し，表現を豊かにする。
②物事の起こる時間的な関係と事象同士の関係を理解する。

指導のアイデア

うれしい，悲しい，怒っている，泣いている，おどろいている，困っているなど，「顔カード」と電車や机，お店や洋服など，ものや場面の写真やイラストの「場面カード」を用意する。「場面カード」から理由とセリフを考え，その表情の「顔カード」を1枚選ぶ。「筆箱をわすれた！」→「困った顔」や，「自転車を買ってもらいました」→「うれしい顔」など，切り抜いたふきだしにセリフを書き，「顔カード」に貼る。時間的な順序の理解と，事柄同士の結びつきを理解し，「うれしい」「悲しい」など感情を表すことばに理由を加えることでより詳しく伝え合えることに気づかせたい。また，「筆箱わすれて」→「困った」→『しかし』→「かばんに鉛筆が入っていて」→「助かった！」など，場面A→気持ちA→『接続詞』→場面B→気持ちB……と場面や状況をつなげることで，接続詞の理解を深めることができる。

授業の発展・応用として

「かるた」のように，「場面カード」を読み札として提示し，目の前に広げられた「顔カード」から1枚選び，考えたセリフを発表する。みんなが「なるほど」と，納得したら「場面カード」をもらえるゲームにする。また，逆に「顔カード」を見せて，「場面カード」の中からその気持ちになる場面を1枚選び，理由を創作してストーリーを話したり書いたりする。結果から理由を考えることは，時間的な順序をさかのぼるため難しい課題となる。

つまずきの見取り方

事柄が生じた順序の「時間的な関係」では，すぐ目の前で起こった事柄同士は関係づけやすいが，時間的にさかのぼったり，目の前で起きていないことを結びつけることは難しい。また，原因と結果という「因果関係」を理解することが大切である。接続詞の学習につなげる場合も，「それで」の理解に続いて「なぜなら，だから」の理解へと発達していくことを考慮したい。

（山﨑嘉信）

小学部3段階〜中学部1段階

40 物事の見方を知ろう
―スリーヒントクイズを作ろう―

指導のねらい
①生活経験を基に物事を階層化して整理する。
②物事が含まれる枠組みを理解し，共通の知識を基に表現する。

指導のアイデア

　クイズの問題と答えを考えるためには，個人の経験を越えて共通の知識を基にしなければならない。そこで，買い物でよく行くスーパーマーケットで考えると取り組みやすい。例えば，「りんご」を買う時のことを，イラストや写真，ビデオで再現する。お店に入るところから，子どもに「何を買うのかな」と予想させながら進む。売り場の名称，品物の形，パッケージの色やマーク，商品の名前，値段などに視点をあてる。

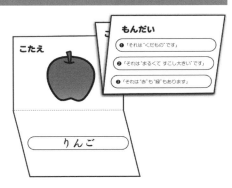

子どもたちのことばをカードに記録しておき，『食べ物』『色』『形』など仲間分けし，カテゴリの名前をつける。クイズの問題作りは，まず「答え」を決める（例：りんご）。次にことばカードを各カテゴリから1つずつ選び，①「それは『くだもの』です」②「それは『まるくてすこし大きい』です」③「それは『赤』も『緑』もあります」のように問題文を作る。買い物の時に，品物にたどり着く順番がヒントを出す順番となる。ことばカードを増やすことで，さまざまな問題を作り，同じことばでもカテゴリの組み合わせで答えが異なることに気づくようにしたい。

つまずきの見取り方

　物事の捉え方には，個人の経験に基づく個別性のものと文脈を越えた一般性のものがある。例えば，「自転車」は，「青くてカッコイイ」という個人の経験に基づく捉え方と，「車輪が2つついた，自分の力で動かす乗り物」という共通の知識に基づいた一般性のある捉え方である。しかし，「倒れて転ぶと痛い」は個人的な経験だが，誰にでも共有されている。どの部分が他人と共有されているのかを客観的に確認するために，観点を明らかにして絞り込む範囲を限定することで，相手に伝わる内容と表現を豊かにしていきたい。

（山﨑嘉信）

中学部1段階

41 場面を切り取り簡潔にまとめよう
―五七五　なんでもそのまま　五七五―

指導のねらい

①音節を理解し，五七五の形式に入る単語を選ぶ。
②状況，情景，もの，人などについて，簡潔なことばで表現する。

指導のアイデア

　川柳は，様子や気持ちを短いことばで表すため，作者の視点が明確になる表現形式である。「校外学習」に行った時のことや，日常生活の中で「お風呂」など，テーマを設定することで，何も決めない時より物事を詳細に観察したり，記憶を思い起こしたりすることができる。写真やイラスト，雑誌などの視覚的な手がかりを用意することでことばを引き出しやすくなるが，画像の説明にならないように配慮する必要がある。「□□□□□／□□□□□□□／□□□□□」のようにマス目のワークシートを用意し，視覚的に音節を示すようにする。促音「っ」や拗音「りょ」，長音「おー」「おう」などの音節と表記の理解に課題がある場合も，1マスずつ指でさしながら音節を数えることで意識できる。

きなこぱん
きなこがあまくて
おいしいよ

授業の発展・応用として

　五・七・五の形式で，啓発や注意喚起を目的としたものが「標語」，季節のことば「季語」を入れたものが，俳句である。標語のテーマや季語を提示し，思い浮かべた単語を音節に合わせて並べるだけでも，面白い作品ができる。複数の条件を掛け合わせ，知識を結びつけて物事を理解し，表現することで「今まで気づかなかったことに気づく」ことを学習させたい。

つまずきの見取り方

　関連する知識のまとまりのことを「スキーマ」といい，客観的な「定義」と異なり，ある事柄についての個人の経験や知識に伴って想起されるものである。ある事柄のスキーマについて，子どもが何を，どのような形で，どの程度持っているのかを見極め，引き出す働きかけが大切である。17文字という制約を活用し，ことばと経験や知識のネットワークをつなげていく視点で取り組みたい。

（山﨑嘉信）

第2章 基礎から学べる「国語」の学習課題

小学部3段階〜中学部1段階

42 スクリプトを活用して話そう
―司会をつとめさせていただきます！―

指導のねらい
①役割を理解し，型にしたがって話す内容，話し方を知り，文章を作成する。
②活動全体の流れを理解し，順序，場面，状況に応じて話す。

指導のアイデア

集会やレクリエーション大会は，「はじめ―メインの活動―おわり」と基本的な流れは決まっており，定期的に繰り返し行われるため，見通しを持って準備し，活動できる。その中で司会係は，進行するための定型的なセリフや状況に応じた言い回しを適切に使うことをねらいとして役割分担できる。まず，過去の集会の様子を，場面毎に写真を撮っておく。ことばだけで記憶をたどるのではなく，視覚情報でイメージを共有するとことばを引き出しやすい。その写真を時系列で並べ，式次第（プログラム）を書き出し，全体の構成を確認する。司会で話す場面を決め，司会原稿を書く。適切な文が思い浮かばない時は，過去の集会を基にあらかじめ教師が用意した定型文を示し，必要な単語を入れ替える。ワークシートやカードに「会の目的」「司会の役割」「話す時の注意点（姿勢，声，話し方など）」を記録しておく。リハーサルと本番の様子をビデオで撮影し，確実に友達に伝わっているかをワークシートの観点を基に振り返る。

授業の発展・応用として

朝の会や掃除のリーダーなど，日常の中でも定型的な活動の進行は多い。段階的に話す内容や友達とのやり取りを増やしていきたい。また，買い物学習や作業学習など，「接客」や「説明」の場面を活用して，質問があった時や困った時の対応のことばの学習も行いたい。

つまずきの見取り方

繰り返し行われる一連の行為についての知識を「スクリプト」という（例えば「レストラン・スクリプト」など）。役割によって，動作やことばがある程度決まっており，知っていれば予測ができる。活動全体の見通しが持てない場合でも，「場面の切り替え」に気づき，「次の方どうぞ」などの決まったセリフに自分のことばを加えるだけでもよい。また，人前で話すことが苦手な場合，セリフを短くすることや，2人組で司会のセリフを交互にいう，マイクで声を拾うなどの工夫が考えられる。

（山﨑嘉信）

中学部1段階

43 手紙で伝えよう
―経験を意味づけして相手に伝える力を育てる―

指導のねらい
①目的と読み手に応じて，伝える内容を整理し，分かりやすく書く。
②手紙の形式を知り，表現の幅を広げた文章を書く。

指導のアイデア

文章を書く時には，必ず目的があり，読み手がいる。目的を理解し，読み手をイメージしながら，文章の表現をモニタリングするメタ認知の発達が不十分な場合，「作文」は難しい課題である。しかし，手紙は年賀状や暑中見舞い，お世話になった方へのお礼状など，書く目的と読み手が明確で，表現形式も決まっているため取り組みやすい。書く主な内容は，①自分の経験したことや様子と，②相手への気持ちである。読んでもらう相手を思い浮かべ，経験したことを客観的に捉える視点を意識させ，文章の表現と結びつける働きかけを丁寧に指導したい。例えば，行事や印象に残ったことについて，写真を見ながら様子を書き，相手へのメッセージを添える。「しょちゅうおみまいもうしあげます　音楽でたいこをたたきました。こんどきいてください。」や，「インターンシップでそうじが大変でした。おしえていただきありがとうございました。」など，自分が経験したことを相手とのかかわりの中で意味づけし，頭語，本文，結語の形式にしたがって書く。コピーを取っておき，実際に相手に送り，返事があればその内容を自分が書いた手紙と合わせて読むことで，コミュニケーションの力を深めることができる。

つまずきの見取り方

文章を書くための文法的な学習は，使い方を教えるだけではなく，物事の理解とその表現方法として捉えることが大切である。例えば，「音楽でたいこを練習しましたが，たいこはむずかしいです。」という「重文」を，「音楽で練習したたいこは，むずかしいです。」という「複文」にすることは，認知的な負荷の大きい表現となり，難しい。また，「助詞」や「接続詞」も，意味や使用方法を教えるのではなく，話しことばを書きことばに置き換える時に意識させるやり取りを丁寧にすることで身につけさせたい。ものの見方と思考を整理し，伝えたい内容を簡潔に書くために，文法的な表現の学習も組み込みたい。

（山﨑嘉信）

小学部3段階～中学部1段階

44 ことばを絵に，絵をことばにしよう
―文章から状況を思い浮かべる力を育てる―

指導のねらい
①聴き取ったことばから適切な状況をイメージする。
②ことばの示す内容を明確にし，思い浮かべている状況を共有する。

指導のアイデア

　童謡や耳慣れた歌を聞き，思い浮かべた状況を絵に描く時，知っている単語や，記憶しやすい場面を絵にすることが多い。図1「どんぐりころころ」は，「♪どじょうが　でてきて　こんにちは」のフレーズだが，「どんぐり」にあいさつしている状況を思い浮かべていないことが分かる。そこで，「どんぐり」の絵を教師が加え，子どもの描いた絵を切り抜き，ペープサートのようにしたり，パソコンに絵を取り込みアニメーションにしたりして歌詞に合わせて提示する。子どもが自分で描いた絵を基にしているため，文が表す状況の理解をより確実に促すことができる。

図1

授業の発展・応用として

　「コツコツ」や「ニコニコ」などの「擬音語・擬態語」は，子どもにとって耳慣れた表現であり，動作や行為，状況と結びつけて理解しやすい。クイズ形式にし，擬音語・擬態語の様子を絵に描き，友達同士で問題を出し合う（図2）。正解の提示は，効果音CDやその場で音を出してみるなど，聴き取りと表現を確実に結びつける。語彙の少ない子どもには擬音語・擬態語のリストを提示し，その中から選ばせる。

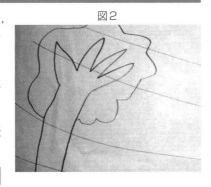
図2

つまずきの見取り方

　子どもが「何」の「どこ」を「どのように」焦点をあてて見ているか，またどんな経験をしているかによって，ことばの持つイメージは異なる。しかし，お互いに理解を深めるためには，ことばの共通に認識される部分を共有することが大切である。図2の子どもの考えていた答えは，風の「ひゅうひゅう」という音ではなく，木が揺れる「ゆらゆら」だった。正解，不正解を教師が決めるのではなく，子どもと視点を共有し，適切に表現する働きかけをしていきたい。

（山﨑嘉信）

中学部1段階

45 音声と映像でコミュニケーションしよう
―テレビ会議でこんにちは―

指導のねらい

①相手の話す内容を映像の手がかりを基に理解する。
②伝える内容を簡潔にまとめ，相手に分かりやすい手だてを工夫する。

指導のアイデア

　テレビ会議は，遠隔地にいる相手の顔を見ながら話ができるインタラクティブな仕組みである。しかし，相手の表情は見えても，話題となっている内容が見えるわけではない。そこで，あらかじめテーマを決め，話す内容や視覚情報を準備する。テレビ番組のように，分かりやすい文字や図，絵，写真などを用意する。ビデオカメラを使い，実際にテレビに映る様子を確認し練習する。自分が伝えるだけでなく，相手にどのように伝わっているのか，相手の立場に立ったモニタリングが大切である。画面とマイクを通す相手とのやり取りは，話す―聞く―話す……と，順番になり，話すこと，聞くことに注意を集中しやすい。ホワイトボードを用意し，教師は話のキーワードをメモしたり，必要な図を描いたりすることで聞き取りによる理解を確実にする。お互いに質問，回答する場合も，ホワイトボードや用意した絵や写真をテレビカメラに向けることで，相手に伝えることを焦点化しやすい。

つまずきの見取り方

　ICT の活用は，子どもの知覚・感覚面や認知面，運動面の特性と機器や仕組みの特性を考慮する必要がある。モニタに表示する絵図や文字の大きさ，色，コントラスト，マウスやスイッチ類の操作性，提示する情報の量，質，時間などについて，子どもに応じてカスタマイズし，伝える内容と表現方法に集中させたい。特に，自分が伝えたいことだけではなく，相手が「知りたい」と思うことをシミュレーションすることができる ICT の活用を考えたい。

（山﨑嘉信）

第2章　基礎から学べる「国語」の学習課題

中学部1段階

46 特徴を捉えて説明しよう
―修学旅行をプレゼンテーション―

指導のねらい
①提示された観点（カテゴリ）を手がかりに事柄の特徴を較べる。
②持っている知識や経験と結びつけて未知の事柄を表現できる。

指導のアイデア

　修学旅行先でのグループ行動の計画は，子どもたちの選択する力を高めるよい機会である。候補地から自分が行きたいところを調べ，友達にプレゼンテーションする。友達も行きたくなるように，その特徴，魅力を強調して，分かりやすく説明する文章の書き方や，聞き取りやすい話し方を工夫する。そして，工夫したことや気づいたこと，指摘されたことなどを記録しておき，次の学習につなげたい。まだ

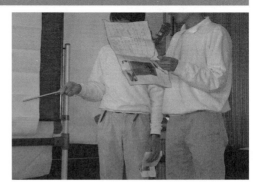

経験していない事柄について，文字や写真などの情報だけで特徴を読み取り，それを伝えるためには，知識や経験（既有知識）が必要である。景色，食事，乗り物，アトラクションなど，どの場所にも共通の観点（カテゴリ）を設定することで，友達のプレゼンテーションの内容と比較することができる。特に伝えたい特徴を強調するために，「おすすめ度」で順位づけして理由を示したり，みんなが知っている事柄と比較したりすることで見方を深めることができる。

授業の発展・応用として

　プレゼンテーションを基に，行き先をポイントで投票してコースを決める学習活動もできる。景色や食事などの観点（カテゴリ）毎に投票すると，説明されたその場所の特徴がより強調され，知識として共有される活動となる。

つまずきの見取り方

　観点（カテゴリ）を先に提示し，そこから具体的な事柄を考える「演繹的」な思考は，発達段階により難しい場合がある。具体的なものを挙げてから「仲間集め」をし，その集まりに名前をつける「帰納的」な思考から始めることで観点（カテゴリ）の示す内容の理解を深めたい。

（山﨑嘉信）

中学部1段階

47 立場を置き換えて考えよう
―ストップモーション・アニメを作ろう―

指導のねらい
①自分に置き換えたフィギュアの視点で，行動や気持ちを適切に表現する。
②位置や方向をフィギュアを基準にして理解し，表現する。

指導のアイデア

まず，パラパラマンガで，アニメーションの原理を理解し，自分で作ったフィギュア（人形）を撮影した画像でアニメーションができることを知る。フィギュアを紙粘土で作り，教師や友達と動かしながら，場面状況やストーリーの構想を膨らませるやり取りそのものを楽しみたい。コマ割りのワークシートを用意したり，付箋に書き留め並べ替えをしたりするストーリーボードで，アイデアを目に見える形に

する。コマ割りやストーリーボードの場面を説明するナレーションと，登場人物のセリフでストーリーを進めるように脚本を書く。全体を見ている自分の視点ではなく，フィギュアが何をどう見ているかを意識させる。

デジタルカメラを三脚等で固定し，カメラを動かさないようにシャッターを押すようにする。シャッター係，キャラクター係，音響係，照明係など役割を分担する。カメラを大きなモニタに接続し，画面を見ながら撮影を進めると「もっと右に向けて」や「後ろの木に光をあてて」など，指示がきちんと伝わっているか，位置や方向の表現は適切かを確認できる。撮影ができたら，パソコンのソフトで写真を連続してつなげ，映像にする。そして映像を見ながら，場面や行動に合った声の調子や大きさを工夫してセリフを録音する。音楽や効果音を入れると，さらにことばが生きてきて面白い。

つまずきの見取り方

相手の心の中を推察し，他者が自分とは異なる意識を持つと考えることができる心の機能を「心の理論」といい，4，5歳くらいから獲得するといわれている。相手に伝えるスキルだけを学習するのではなく，行動やことばの意味を理解するための心の発達を促し，伝え合う力を高めていきたい。

（山﨑嘉信）

中学部1段階

48 分かりやすく説明しよう
―振りつけガイドでみんなでダンス―

指導のねらい
①全体を部分に分解することで理解や説明が容易になることを理解する。
②体の部位，位置，向きと方向のことばや例えなどを使って，分かりやすく表現する。

指導のアイデア

運動会での演技を，みんなで覚えるための事前学習や事後学習でのまとめとして振りつけガイドを作る。ダンスは，同じ動きの繰り返しが多い。部分の組み合わせで全体が構成されていることに気づき，複雑に見える事柄も効率的に理解し，説明したい。振りつけをビデオに撮り，動き毎に静止画にしておく。ダンスの動きは，8呼間を1セットにすることが多い（「1 2 3 4～5 6 7 8，1 2 3 4～5 6 7 8～」）。動きを8呼間で言える簡単なことばに置き換える（「左手～右，ぐるっと～ピタッ～」など）。さらに，身体部位，位置，向きと方向，速さ，同時に動かしているところなどを分解したり，似た動きに例えたりして，簡潔な説明文にする（左手を右上に上げて手のひらで「止まれ」。腕を回して胸の前にもってくるなど）。説明文ができたら，振りつけを知らない友達に説明通りに動いてもらう。振りつけと同じ動きができない時には，説明の表現を書き換える。用意した静止画では伝わりにくい場合は，説明文に合わせて写真を撮り直す。

授業の発展・応用として

電化製品の取扱説明書や料理のレシピなど，基本的な動作や手順が同じ部分を切り出すことで，より効率的な読み取りに活用したい。

つまずきの見取り方

あることばと結びついて思い浮かべるひとまとまりの知識を「スキーマ」というが，物事の理解を効率よく処理する働きがある。身体部位とその動きに適切に結びつくことばは，ある程度決まっている。前述の例にある「手のひら」と「止まれ」とは本来直接関係するものではないが，多くの人が経験的に結びつけやすい。このような事柄を知り，活用することを目指したい。

（山﨑嘉信）

中学部1段階

49 長い文章を読み取ろう
—ぶらり紀行文—

指導のねらい

①経験や知識を基に，長い文章の内容を読み取り理解する。
②読み取った内容を，目に見える形に再構成する。

指導のアイデア

　長い文章は，読むことが苦手な子どもにとって，見ただけで尻込みしてしまう。紀行文は，旅先の風景や建物，お店や食べ物，そこに住む人や生き物を扱っており，自分の住んでいる地域や，興味ある電車や自転車旅行など，経験と知識を効率よく結びつけて理解しやすいことが多い。雑誌やローカル誌，フリーペーパーの記事は，手軽に読める分量で，親しみやすい文体で書かれているものが多い。あらかじめ，取り上げている地域の地図を拡大し，文章の目的と内容を予告する。さらに，子どもの顔をつけた人形と，文章に出てくる建物や乗り物，食べ物の模型や写真の切り抜きを用意する。文章を読み進めながら，自分がその場所にいるように地図の上に置いていく。読み取った情報をふせんやカードに書き，地図上に貼っていく。旅先で未知の風景に出会うように，読み取った内容が少しずつ目に見える形で進んでいけば，長い文章でも，最後まで読み終えることができる。

授業の発展・応用として

　長い文章では，児童書が，子どもの持っている知識に応じて予測しながら読み進められる文章が多い。冒険や宝探し，ミステリなどのエピソードを抜粋し，全体を見渡せる「マップ」を作り，情報を共有しながら読む楽しさを味わわせたい。

つまずきの見取り方

　何についての話なのか，どんな目的で書かれている文章なのか，あらかじめ提示される枠組みや知識を「先行オーガナイザー」といい，理解を深めることに有効である。子どもたちの興味や知識を把握し，適切な先行オーガナイザーで活性化し，ネットワークを広げることが読みの学習では大切である。

（山﨑嘉信）

中学部1段階

50 登場人物の気持ちを想像しよう
―リレー小説を書こう―

指導のねらい
①行為や行動が人の性格や気持ちと結びついていることを理解し表現する。
②文章を読み状況を理解し，話の展開を推測する。

指導のアイデア
　ある程度経験を超えた知識を持っている課題別グループでの学習として取り組みたい。お笑い，冒険，恋愛，学園，SF，スポーツ，歴史，時代劇などのジャンルから，プロット（構成）を考えたいものを選ぶ。テレビドラマの場面や資料写真などの画像を多数用意しておき，イメージを共有できるようにする。時代，場所（国や地域）の設定，想像した登場人物の簡単なイラスト，名前，特徴を決めて，「設定計画書」を作る。「力持ちで，おかしが大好き」など，2つの異なる特徴を組み合わて人物の設定をすると，エピソードが考えやすい。設定計画書を基に，物語を書き始める。原稿用紙の枚数や時間で区切り，話の途中で次の人に設定計画書と原稿用紙を渡し，友達からも受け取る。前の友達が書いた話の続きを，設定計画書を基に書き加えていく。「力持ちの人はこんな時どうするだろう」「おかしで元気になることにしよう」など，主人公の特徴と行動を結びつけてエピソードを作る。お互いの物語に書き加えたら，設定を考え書き始めた人に戻し，話の展開に沿った結末を書く。

授業の発展・応用として
　できた小説は，朗読会をしたり，パソコンに入力したり，挿し絵を描いて本にしたりすることで，さらに広がりのある学習活動にできる。

つまずきの見取り方
　ある経験をした時に生じた感情は，一人ひとりの知識として記憶されている。しかし，経験していない事柄であっても，共通の知識を基に，他人と気持ちを共有することができる。行為や行動の意味づけを丁寧に行い，理解と表現を豊かにしていきたい。

（山﨑嘉信）

第3章 基礎から学べる「算数・数学」の学習課題

1　数や量の基礎を育てる初期学習課題
2　計算する力を育てる学習課題
3　長さや重さの比較，図や形の構成，金銭感覚を育てる学習課題
4　生活に必要な力を育てる学習課題

1 数や量の基礎を育てる初期学習課題

小学部1段階

51 玉をよく見て落とそう

指導のねらい

①始点（筒の上端）に手（玉）が届くまで見続ける力をつける。
②結果（玉が落ちて音がすること）を期待しながら玉を手放すように促す。
③「いち」「に」などの数唱と，玉を放すタイミングが一致するように促す。

指導のアイデア

　目と手の動きがバラバラになりやすい子どもにとって，「穴に入れる」行為は，手元に視線を導くために効果的な方法である。縦方向の「落とす」動きを使うことにより，横に並べたものに順に指を置いて数えることが難しい事例でも，数の学習が可能になる。操作の始点である筒の上端に光るテープを貼ると，子どもの注意をひきやすくなる。玉の入り口を子どもの目の高さにすることも，手を出しやすくする工夫として大切である。

授業の発展・応用として

　本教材は，①操作の始点（玉の入り口）を見る，②結果（落ちること）や操作の終点（落ちていく方向）を予測して玉を放す，③玉を放す手を見ることにより自分がしたことが分かる，などごく基礎的な学習から，④数唱に手の運動を合わせる，⑤一定の数で手を止める，⑥最後の数が入れた玉の数であることに気づくなど，より高次の学習につなげることができる。また，大きさの異なる玉を使うことにより，「入る」「入らない」など操作の反応で違いに気づかせ，「大きい」という概念につなげることもできる。長さの異なる筒を順に並べて使えば，数の順序性と同時に量の違いに気づく学習にもなる（58参照）。

つまずきの見取り方

　運動発達の遅れが顕著な子どもは，つかむことよりも放すことが難しい場合が多い。玉を放すだけで精一杯の子どもは，数唱に耳を傾けることもできない。その場合は，別の教材で「放す」学習を取り出して行うことも重要である。

　玉を放す瞬間に視線がそこにいっているかどうか，玉の落ちる先に視線が向かうかどうかも重要な観察ポイントである。操作の結果を予測できるようになると，玉が落ちたところを確認する目の動きが出てくる。

　「繰り返して練習すればできるようになる」という発想ではなく，各感覚の使い方をよく観察しながら，さまざまな教材を試し，すべての教育活動を通じて総合的な力を高めていく。課題の選択には，子どもが喜んで参加しているかどうかという視点が重要である。

（立松英子）

小学部1段階

52 感触を楽しみながら，形を作ろう

指導のねらい
①隣合わせになった対象を順に見ることを促す。
②運動の方向を予測して操作する力を高める。

指導のアイデア

本教材は，強力な円形マグネットを使い，「パチッ」という触覚的フィードバックがあるように工夫したものである。光るシールなど，発達の初期の子どもが好む要素を取り入れて，興味を持たせようとしている。最初は「パチッとした感触」を楽しむことを目標において，順に置けるかどうかを観察する。順に置けない場合は，数個を外して残りをはめておき，空いているところに入れる活動から始める。指導者と子どもの相互作用を活発にするためには，子どもがチラリと指導者を見たタイミングで次のマグネットを渡すとよい。

授業の発展・応用として

マグネットを全部外した状態で一緒に穴をたどってから操作の始点を指さして，指で誘導していく方法もある。間を抜かさないで隣に入れる操作が安定してきたら，すべて入れ終わった後にもマグネットを指でたどり，「まる」といいながら円形の枠をはめる。写真右のように，三角や四角でも行なうことにより，形の違いに気づかせていく。

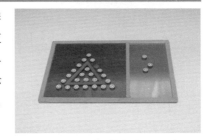

つまずきの見取り方

定型発達の順序からいえば，縦方向の「落とす」「さす」操作に習熟した後に平面（線や形）の広がりに関心が出てくる。叩いたり落としたりする活動に強い興味を持つ子どもは，特定のものを見つけることは上手だが，まだものの並びや形に気づいていないことが多い。終点を予測する目の使い方をするようになると，位置や方向，順序に関心が出てくる。

このように，「点の認知」が「面の認知」に変わる過程では，つまめるような大きさのものを使うとより活動に集中しやすいようである。この段階では集中時間はごく短いように思われるが，子どもの興味関心に合った教材であれば，繰り返し挑戦するようになる。「並び」や「形」への関心が高まると，その様子が日常生活でも確認できる。並んだものを1つひとつたどって見ることは，形を把握するだけでなくその様子を数えることにもつながる。

（立松英子）

小学部1段階

53 さすことにより大きさや形の違いに気づこう

指導のねらい

①さした感触を通して違いに気づくようにする。
②持っただけで大きさの違いが分かるようにする。

指導のアイデア

見ただけで大きさが分からない子どもは触覚に頼って外界を認知するため，ものの感触に敏感である。そのため，金属棒やそれを入れる木製の台の角や縁はよく磨いておく。

最初は大きさの違いが明確な教材を使う。そして，必ず大きい方から渡していく。子どもは経験を通して，触覚で大きさの違いが分かるようになり，やがて，台に押し当てることなく，見ただけで適切な方を選ぶようになる。

授業の発展・応用として

棒さしを通して，形の違いに気づかせることもできる。写真左は，円柱と四角柱を同じ並びに入れていく学習である。触覚に頼って認知する子どもは，つかんだ時に角が尖っているかどうかで違いを分ける。違いが分かってくると，まずは円柱か四角柱を連続して入れ，続いて別の形を入れる。見本（丸や四角の穴）に照らして選ぶのはそれからである。見本合わせは，視覚が機能し，さらに，見本を記憶してから手元を見る過程が加わるため，一段高度な学習になる。

つまずきの見取り方

このように，人は最初から見ただけで大きさや形が分かるわけではない。まずは，穴に押しつけて「入る，入らない」で判断し，次に，持った感触で分かる段階がある。触覚を中心に使う段階では，素材の感触に目を向けてみる。冷たい金属ではなく，ウレタンチューブのような柔らかい素材を使うとうまくいくこともある。

触覚を中心に使う段階から見て判断する段階に移る時には，目の使い方が違ってくる。感触に集中している時は，視線が外れ，「見て」といわれても見ることができない。しかし，見て判断するようになると，対象を注視しつつ視線を外さずにそこに手が向かう。また，教材を入れる台と棒を見比べるような目の動きが出てくる。

失敗経験が多く学習に警戒心が強い子どもの指導で大切なことは，できるようにすることではなく，「できた」という経験を重ねることである。そのためには，「何ができているか」を見きわめることが重要である。

（立松英子）

小学部1〜2段階

54 よく見て順にさそう

指導のねらい
①ものを滑らかに順番に見る力を高める。
②手元を見て操作する力をつける。

指導のアイデア

棒のささった状態で提示し，左から順に棒に指をあてながら数える。次に左から順に抜くように促す。すべての棒を抜き終わったら，穴を左から順に触りながら数える。その後，左から順に棒をさす。棒は指導者が一本ずつ手渡す。終わったら，左から順に棒に指をあてながら，再度数える。

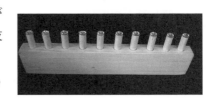

以上の手順が一般的だが，特別な手だてを行わずに，子どもが棒を抜いたりさしたりする順番を見守ることもある。

授業の発展・応用として

手元を見ながら操作することを促すために，土台を階段状にしたり（写真上），穴の間隔を不均等にしたりすることもある。棒の代わりにウレタンチューブ（写真下）を使えば，穴に棒をさす時に適度な抵抗感が生じ，手元を見ることにつながる。また，小さな教材や薄くて倒れやすい教材を使うことも，手元を見たり，反利き手で支えたりすることにつながる。

つまずきの見取り方

初期段階の子どもは，教材の全体像を見ることが難しく，目立つところに注目し，反応する。棒さしであれば，目についたところに棒をさしていくので，初めの段階では順番にさすことが難しい。この段階の子どもと学習する際は，余分な穴を指導者の指で隠しながら，次の穴を見つけさせるとよい。順番にさせるようになることは，ものの輪郭を滑らかに見ることができるようになるということであり，形の認識につながっていく。

また，数える時に数唱と手の動きが一致するかどうかも観察のポイントである。合わない場合は，子どもの指を取って，一緒に動かしていくとよい。

行動が早く，自分のペースで次々に行おうとする子どもの場合は，相手のペースに合わせるということも大事な課題である。指導者が棒を手渡していく際に，初めは子どもの早いペースに合わせるが，徐々に指導者のペースにしていく。棒を提示する場所を一定にせずに変えていけば，見る力にもつなげていくことができる。

（加部清子）

小学部1〜2段階

55 ジグザグに棒をさそう

指導のねらい
①ものを滑らかに順番に見る力を高める。
②見比べる力を高める。

指導のアイデア

特別支援学校でよく使われる教材に，棒さしがある。どのような順序であれ，すべての穴に棒をさすことができれば，「できた」ことになるので，まだ滑らかに目を使うことのできない初期段階の子どもにも取り組みやすい。子どもは，初めは目についた穴からランダムに棒を抜きさしするが，徐々に端から順に棒を扱うようになる。より効率的な方法を自分で選ぶのである。さらに，棒をさす場所や並びを工夫することによって，子どもの見る力を伸ばすことができる。

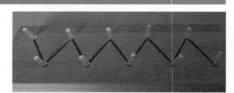

本教材では，教材の穴を線で結び（写真上），線に沿って順番に棒を抜きさしするように求める。線に沿った順序で抜きさしが難しい場合は，より形がはっきりするように，色を塗ったり（写真中），不規則な山型にしたり（写真下）する。

授業の発展・応用として

線で囲まれただけの形を意識することが難しくても，その形を塗れば意識しやすくなる。基本図形の輪郭線にリベット等をさす教材では，内側に色を塗っておいたり，操作の後に形の板を渡してはめるように促したりすると，より形に意識が向けやすい。

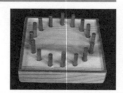

つまずきの見取り方

発達の初期段階では，教材の全体像を見ることが難しく，尖ったところや教材の端など，目立つ部分に注目し，反応することが多い。棒さしであれば，目についたところに棒をさしていくので，順番にさすことが難しい。そのため，最初は，何も指示をせずに，子どもがどのような順番で棒を抜きさしするかを観察するとよい。子どもが操作した場所が，その時子どもが注目した場所なのである。子どもの実態を把握した上で，左から右へ，線に沿って順番に抜きさしできるような手だてを考える。手を添えて次の穴を触れさせたり，次の穴だけが見えるように他の穴を隠したりする。上記のように，色を塗ってジグザグを目立たせる工夫も有効である。

（加部清子）

第3章　基礎から学べる「算数・数学」の学習課題

小学部1〜2段階

56　1の次は2，2の次は3

指導のねらい
①数の順序性に気づくように促す。
②高さを目で測って数（量）を推測する力をつける。

指導のアイデア

　ことばの理解が不十分な場合，ことばで課題を進めようとすればするほど，情緒が不安定になることが多い。そのため，操作によって正解が分かるように教材を作る配慮が必要になってくる。本教材は，決まった数しか入らないだけでなく，直径が大きい方から渡すことによって，違う数のところに入れようとすると入らないというフィードバックがある。

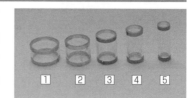

　直径の異なる円柱やナットを用意し，①は1個，②は2個しか入らないように筒の高さを調節する。上下に光るテープを巻いておくと見やすくなる。円柱（ナット）は，必ず直径の大きい方（1個）から順に渡していく。穴に入れるタイミングで，「1」「2」などと声をかける。筒が一杯になったら「終わり」である。筒の高さにより増えていく数の様子が自然に記憶され，子どもは運動の量とともに数の大きさを学ぶ。

授業の発展・応用として

　操作に慣れてきたら，1〜5個まで別々のお皿に入れ，「どうぞ」と子どもに選ばせる。子どもは筒と円柱（ナット）の直径を見比べて，適切な大きさのものを選んでいく。適切な数を選ぶようになったら，筒の前に数字板を置き，数字と数唱・手の運動との結びつきをはかる。「1個」から「5個」までを，順番を崩さないように丁寧に渡していくことが重要である。

つまずきの見取り方

　見本（筒）と手元（皿に入った円柱やナット）を見比べるような目の動きがあるかを観察することが重要である。見比べることができなかったら，注視や追視，見比べを促す学習も工夫する。

　お皿を見比べて，迷いなく筒に合った数の皿を選ぶようになったとしても，それが「2」や「3」であると理解しているかどうかは別の問題である。それぞれの数で筒の太さを変えてある本教材では，1から5まで順に増えていく数（量）の順序性に，感覚（触覚・運動と視覚）を通して気づいていくことが目標になる。見ただけで量が分かるようになったかどうかは，同じ直径の筒やビー玉を使って確かめるとよいが，支援者は，それが可能になるまではさらに多くのステップが必要なことを知っておく必要がある。

（立松英子）

小学部2段階

57 数に合わせて指を動かそう

指導のねらい

①指導者が唱える数(「1〜5」・「1〜10」)に指の運動を合わせるように促す。
②1つひとつのピース(四角い数字板)を指で押しながら移動する運動を通して,数を「運動の量」として捉える力を培う。

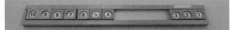

指導のアイデア

本教材は,「押しつけてずらす」操作により,粗大な運動が自発的に調整されることを期待したものである。教材の裏にマグネットシートを貼ってステンレス板に固定することにより,操作がより安定する。利き手ではない方の手を教材の端に添え,姿勢を整えると,いくらか力みがとれて動きが滑らかになる。姿勢が安定すると,横方向への手の動きも安定してくる。やがて,その手を追う目の動きも安定してくる。

授業の発展・応用として

数字板を提示して,数字が示す数だけピースを動かしたら手を止める,という課題にすることができる。数を運動に変える,見本の数字板を記憶して手元の数字とマッチングする,自分でゴールを決め,操作を止めるなど,イメージの操作が必要な,より高次の学習になる。

「5」を境として色が変わっているのは,5までをかたまりで意識させることにより,合成分解につながるからである。5で操作を一旦止めることにより,その区切りがより意識されるようになる。

つまずきの見取り方

動作が粗大な子どもは,指先に力が入りすぎて数える対象を倒したり落としたりしがちである。本教材は,落としたり倒したりしないように工夫されているが,最初は叩きつけるような,払いのけるような動作で瞬間的にピースを送っていく。視線の動きも瞬間的で,終点まで見続けていることができない。しばしば複数をまとめて送ってしまい,また,すべてのピースを送ってしまうまで運動を止めることができない。

数えるためには,指先に視線がついていくと同時に,数唱に耳を傾け,それに合った手の動きになっていなければならない。運動の始点で,穴にしっかりと指を置くように促すことにより,外れそうな視線が戻ってくる。視線が安定し,自発的な気持ちが出てくると,背筋がピンと伸びるなど姿勢にも変化が現れる。数唱に耳を傾けるようになると,手の動きは遅くなり,支援者に視線を送りながら,動きを調整しようとする様子が見られるようになる。

(立松英子)

第3章 基礎から学べる「算数・数学」の学習課題

小学部2段階

58 聞いた数だけ筒に入れよう

指導のねらい
①運動の量として数を捉え，提示された数で手を止めることができるようにする。
②見た目が違っていても，「2」は「2」であることに気づくように促す。

指導のアイデア

数の基礎は，2回動かすことが「2」ということである。しかし，「数えられない」子どもの多くは手の動きを止められず，あるだけ入れてしまうのが常である。そのため，子どもの実態によっては，入れるもの（円柱）を貼り合わせて，1度で入れられるようにしておく。1から5までの順序を崩して提示すれば，筒の高さに合わせて量を選ぶことになり，目で量を測る学習になる。

授業の発展・応用として

それぞれの数（量）でかたまりになっている円柱を入れる時は1回の動作になる。しかし，玉を使う場合は，1つひとつ分離しているので，「1，2……」と数えながら入れることになる。

一般に，数の教材を作る時には，「自由枠」（写真下後ろ側）も作るとよい。手前の「限定枠」は，「入らなくなったら終わり」なので，答えを教材が教えてくれる。しかし，「自由枠」は自分で判断して手を止めなければならない。つまり，音を聞いて，数のイメージを作り，その通り手を動かすことになる。イメージの形成や記憶も関係する，より高次の学習となる。

つまずきの見取り方

初めてこの課題に挑む子どもの多くは，渡された玉を1つずつ横に入れて行くことが多い。筒の並びに沿って視線が移ってしまうのである。同じ筒で上方向に重ねるためには，他の筒を隠したり，別の筒に移る前に同じ筒を指さすなどの援助が必要となる。この段階の子どもは失敗ややり直しに弱いので，誤動作をする前にさりげなく視線を誘導することが大切である。写真下「限定枠」で自立したように見えても，「一杯になったら終わり」と，触覚と運動で判断していることが多い。よく観察すると，動作が速く視線が外れがちであることが分かる。「自由枠」で正解を出すことができるようになる時には，動作がより緩慢で慎重になっている。目と手は一層協応し，滑らかな動作になっている。

（立松英子）

小学部2段階

59 手を使って数を学習しよう

指導のねらい
①自分の指の本数に対応させて、量を捉える力をつける。
②色と数の両方に注目して整理する力をつける。

指導のアイデア

日本では、指で数字を表す時、「1」は一本指、「2」は二本指を立てるのが一般的だ。そこで、1～5を表す手のイラストを板に貼りつけ、指先の部分に穴を開けた。イラストに手を重ね、指を穴に当てれば、指で数字を表すことができる。また、穴には玉を置けるので、指の本数に対応させて数を捉えることができる。

緑を1つ、黄色を2つ……というように、数によって玉の色を違えておけば、色と数の情報を統合させて整理する学習になる。初めは色分けさせてそれぞれ何個あるかを確認し、「○色は□個あるから□の穴に」と言語化しながら課題を伝えていく。子どもの実態に応じて、数字カードを用いることも効果的だろう。課題

の意図が伝わったら、色分けをせずに、玉を穴に載せるように求める。子どもが自分で色分けをし、その個数に合わせて穴に玉を載せることができたら、色と数の両方に注目しながら整理できたことになる。

授業の発展・応用として

指で6以上を表す際は、5は片手で、6以上は両手を使って5といくつかで表すことが多い。そこで、5のイラストとそれ以外のイラストを使って、6以上の学習をするとよい。6以上の数は5といくつかで表せることが理解できると、さまざまなところで役に立つ。

つまずきの見取り方

数唱ができても、数を量として理解していない子どもがいる。例えば3つのものを「1, 2, 3」と数えることができても、「3つちょうだい」といわれた時に3つ目だけ手渡すような子どもは、数字の順序が分かっていても、量を理解しているとはいえない。また、1～5程度の量でも、一目で個数を把握できない子どもがいる。個数を尋ねられた時に、たとえ1や2であっても1つひとつ数える場合は、やはり量を理解しているとはいえない。そこで、数の集合を作る学習が大切になる。特に1～5までは、自分の身体（指）を使って学習することができる。自分の体は常に教材にすることができるので、学習を定着させるために役立つことが多い。

（加部清子）

第3章　基礎から学べる「算数・数学」の学習課題

小学部2段階

60 1ずつ増えると階段になるよ

指導のねらい
①数が1ずつ増えるときれいな階段状になることを体験的に理解する。
②前後の数と見比べながら事物を操作し、系列を作る。

指導のアイデア

右の教材は、数（量）の系列板と呼ばれている。「1」の枠には1つだけ、「2」の枠には2つだけといったように、該当する個数だけ入るようにしたものを「限定枠」（写真手前）といい、どの枠にもいくつでも入るようにしたものを「自由枠」（写真奥）という。

初めは1から5までの系列板で学習をする。1～10までの学習をする場合は、1つずつの「バラタイル」と、5がかたまりになっている「棒タイル」の2種類を用意しておく。初めは限定枠とバラタイルを使用して学習をするが、慣れてきたら、6以上の数は5の棒タイルを使用していく。

授業の発展・応用として

系列を作る学習は、タイルだけでなくさまざまなものを使用することができる。5のかたまりだけでなく、1～10の連結したものを使用して長さを手がかりに順に並べたり、5とそれ以外の数を組み合わせて6以上を作ったり、さまざまなバリエーションがある。

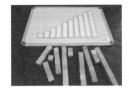   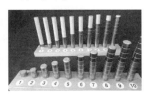

つまずきの見取り方

バラタイルで系列を作っていく場合、1つずつ増えていくため、きれいな階段状になるが、見比べる力が育っていない子どもの場合は、うまく系列を作れないことがある。

逆に、視覚的な記憶によりきれいな階段を作ることはできても、数と結びつけて理解できていない場合もある。その場合は、順番をバラバラにして数字に合うようにお皿に入れるなどの学習を行う。

（加部清子）

小学部2段階

61 見本と「同じ」にしよう

指導のねらい
①「同じ」の意味に気づくように促す。
②見本と同じ数だけタイルを置いて止まることができるようにする。

指導のアイデア

マッチングの能力がある子どもなら，見本を見て，自分で同じ数の集合を作る学習が可能である。ここではタイルを例に説明する。

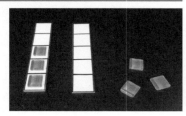

初めに見本の数を数え，同じ数のタイルを枠に並べさせる。縦の場合は下から，横の場合は左から順に並べるのが基本である。初めのうちは見本と同じ数のタイルを渡し，失敗しないようにする。慣れてきたらタイルを1つ多く与え，見本と同じ数で止まることができるかを見る。さらに慣れてきたら，任意の数のタイルから，見本と同じ数のタイルを取って並べることができるかを見る。

見本のタイルの個数と，子どもが並べたタイルの個数をそれぞれ数え，「同じ」であることをその都度確認する。

授業の発展・応用として

タイルだけでなく，玉や積み木などを使って学習することもある。棒に玉をさしたり積み木を積んだりといった，立体的な活動は，高さがヒントになって分かりやすい。見本が「5」の時，「3」と「2」で「5」を作るようにすれば，合成の学習にも発展できる。

つまずきの見取り方

枠がマス目状に仕切られていると，見本の数とは関係なく，マス目をすべて埋めるようにタイルを載せてしまう子どもがいる。マス目は，子どもにとっては「ここに入れてください」という無言のメッセージとなり，すべてのマス目を埋めたくなってしまうのだ。そのような子どもの場合は，マス目のない見本を使い，マス目のない枠にタイルを載せるようにした方がよい。

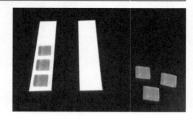

また，見本の位置を工夫するとうまくいく場合もある。例えば，見本を少し離れたところに提示して注目させ「同じものを作って」と教示するのである。子どもにとっては，同じ模様を作る課題となり，結果として見本と同じ数のタイルを置くことができる。最後に，見本のタイルの数と子どもが置いたタイルの数を数えて同じであることを確認するようにする。

（加部清子）

第3章　基礎から学べる「算数・数学」の学習課題

小学部2段階

62　色と数で整理しよう

指導のねらい
①色と数の両方に注目して整理する力をつける。
②見た目が変わっても同じ数であることを理解する。

指導のアイデア

　数（量）の学習をする際，系列板を使用して学習することは多い。「1」の枠には1つだけ，「2」の枠には2つだけといったように，該当する個数だけ入るようにしたものを限定枠といい，どの枠にもいくつでも入るようにしたものを自由枠という。（写真はすべて限定枠である）

　この教材では，先端に色ビーズをつけた棒と，色タイルを使って系列を作る。素材が違っても同じ数であることを理解するため，系列板の底を二重にしてビーズ棒とタイルが重なるようにしてある。

　初めは何もいわずに系列を作るよう求める。色に関係なく個数だけ合わせて系列を作る場合は，小皿を用意し，色分けさせるとよい。そして各色の個数を確認し，数字に対応する枠に入れさせる。子どもの実態に応じて数字カードを用いるとよい。ビーズを入れ終わったら，同様にタイルも入れて，系列を作る。

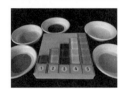

授業の発展・応用として

　限定枠でできるようになったら，自由枠でも学習する。

つまずきの見取り方

　操作に夢中になると色に注目できなくなってしまう場合がある。つまり，操作すること自体に負荷がかかると，色に注目することは難しくなる。より負荷が少ない教材（棒さしなど）で，自発的な色分類を多数行うとよい。

　何も指示せずに系列を作るよう求めると，数は合っていても色がばらばらだったりする。つまり，数には注目できるが色には注目できていないことになる。色分けだけに注意がむいてしまう場合もある。つまり，数と色の両方の基準を記憶に留めながら整理することは難しいということになる。この場合，まずは色分けをさせ，それから本数を数えて系列を作らせるなど，その都度何に注目すべきかを明確にするとよい。子どもの実態に応じて，「〇色は□個あるから□の枠に」などと言語化したり，数字カードを用いたりするのも効果があるだろう。

（加部清子）

小学部2段階

63 パッと見て分けよう

指導のねらい

①ドットカードを見て，かたまりとして数（量）を捉える力を高める。
②ドットの色や形，並び方が違っても同じ数であることを理解できるようにする。

指導のアイデア

数が数えられるようになった子どもは，「1，2，3……」と指をあてながら数えることが多い。この段階では，数は順序を表すものであり，量にはつながりにくい。数を量として捉え，合成・分解やたし算等につなげていくためには，一目でかたまりとして数を捉える力が必要である。

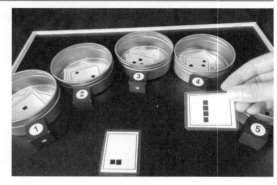

そこで，1から5までのさまざまなドットカードおよび，1から5までの容器を用意する。ドットカードを短時間見せて，裏返して提示する。いくつのカードかいわせ，正解かどうかを確認してから容器に分類させる。

カードは，5cm四方以内の小さなものの方が見やすい。

授業の発展・応用として

数をかたまりとして捉えるには，身体（指）を使った学習も効果がある。支援者が指（6以上の場合は両手で）で数を出し，それを短時間見ていくつか答える学習や，反対に指導者のいった数を子どもが指で出す学習も行うとよい。

つまずきの見取り方

まずはカードを一瞬だけ見せて「いくつ？」と尋ね，瞬時に数を捉えられるかを把握する。「1，2……」と数えるようであれば，まだかたまりとして数を捉えられていないことになる。まずは1と2の分類，1〜3の分類などから始めるとよい。また，カードを提示する時間を徐々に短くしていく。

特定のカードの分類ができるようになっても，ドットの色や形，並び方などが違うと同じ数だと理解できない場合がある。どんなドットでも「1」は「1」，「2」は「2」であることを理解させるため，さまざまなカードを用意しておくことが大切である。

（加部清子）

小学部2段階

64 動かして数を分解しよう

指導のねらい

①数を量として捉える力をつける。
②動かすことにより足し算や引き算の原理に気づくように促す。

指導のアイデア

金属棒にはナットが通してある。最初に，すべてのナットを数えながら反対側に動かして，最後の数を表す数字を選ぶようにする。唱えた最後の数が量（個数）を表すという学習である。

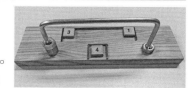

次にナット（写真では4個）をすべて上（バーの横向きの部分）に集め，指で数えて数字の４を真ん中に置く。次に，数を唱えながら3個左下に落として，数字の３を左側に置く。残りの1個を右下に落として数字の１を右側に置く。数字板を指さしながら，「３たす１は４」といって，再びナットを「1，2……」とゆっくり上に戻し，「4」という。上に集めた状態で左右に数字板を提示し，数字に合った数を落とすようにしてもよい。

授業の発展・応用として

数字は量を表し，量は分かれたり合体したりして，その都度それを表す数字も変わるということを目に見えるようにしているのが本教材である。量は，最初から見て分かるのではなく，まず運動の量や重さで感じ，行為（動作）のイメージとして記憶されていく。したがって，数唱に対応した量を示すためには，「聞いて動かす」経験が必要である。階段を登りながら数を数える，「1，2，3！」といいながら3番目に大きなジャンプをするなど，日常生活には多くの基礎学習が隠れている。

つまずきの見取り方

「いくつ？」と聞かれると，必ず1から数え直す子どもは，「いくつ」ということばが数える動作を表すと思っているのである。この段階では，あるものすべてを動かすまでやめることができない。3と聞いて3回目で動作をやめることが，「3が分かる」というのであるとすれば，そこには耳から取り入れた情報で動作を止める力が必要である。自閉症スペクトラムを伴う子どもは，カード等で視覚的理解はできても，耳から入った情報の処理が難しいことが多い。階段を登りながら唱える数に動作が合っているか，ジャンプの声かけに合わせて飛べるかなどは，聴覚レベルのアセスメントとして重要である。

同じ数字の「3」でも，3番目の「3」と量としての「3」は異なる。どちらが求められているかを子どもが判断することは大変難しいことである。支援者には，常にそのことを意識して働きかける配慮が求められる。

（立松英子）

小学部3段階

65 隠れている数はいくつかな

指導のねらい
①見えないものを想像する力を培う。
②イメージを操作して，見えている数と隠れている数とを合計する力を培う。

指導のアイデア

自閉症スペクトラムや知的障害を伴う子どもは，目の前にないものを想像することが苦手である。しかし，数の合成分解をする時には，常にイメージの操作が必要になる。本教材では，透明な筒に金属製の円柱を入れ，紙製の筒をかぶせて見えなくする。強力なマグネットのついた右の棒を筒の上から入れて円柱の一部を引き上げ，残りの数をあてることが最初の課題となる。次に，外に出した円柱の数と，筒に隠れている円柱の数を合わせるといくつになるかを聞いていく。答えられない時は，紙筒を取って数え，すぐに紙筒をかぶせて外側から数えるようにする。

授業の発展・応用として

円柱は1つひとつバラバラでもよいが，子どもの実態によっては取り出す操作に集中するうちに，いくつ入っていたのか分からなくなってしまう。2個，3個とかたまりにしたものを用意すれば，1回の操作で複数引き出せるようになる。筒から出てきた円柱を見て，瞬間的に残りの数をいうような課題も，子どもの実態によっては試してみる。また，数字板を使って，$\boxed{3+2=5}$ のように式を作り，出した数（3）と見えない数（2）を意識させることもある。

つまずきの見取り方

課題の意味が分からないようなら，無理をせずよりシンプルな学習に切り替える。例えば，2つの紙コップのどちらかに好きなものを隠し，入っている方をあてるなどである。

引き上げた円柱の数をいうことはできるが，筒で隠した方は分からなくなってしまうという場合は，ゆっくりと紙の筒を上下し，中を見せてからまた隠すということを繰り返す。ことばを多くかけるとかえって分からなくなることが多いので，ことばを控え，教材の操作だけで課題を伝えるようにすると子どもが安心する。

プリントの課題で足し算やひき算が可能でも，本課題ではつまずくことがある。パターンの記憶で正解を出していただけかもしれないので，注意が必要である。本課題で培う「見えないものを想像する力」は，数の操作に必須であるばかりか，日常生活においても，活動の終わりを予測したり，目標を自分で立てたりすることにつながっている。数の学習を日常生活につなげるためには，本課題のように，具体物の操作を取り入れた学習が必要である。

（立松英子）

小学部3段階

66 線をたどろう

指導のねらい
①線を追視しながら，ものを滑らかに順番に見る力を高める。
②前後関係から，見えないものを推測する力を高める。
③関係を表すことばを身につけ，推測したことを自分のことばで説明する力を高める。

指導のアイデア

数字が線でつないであるシートを複数作っておく。シートをクリアファイルに挟んでホワイトボードなど磁石がつくものに載せて提示し，数字の順にマグネットを載せていくように促す。すべての数字にマグネットが置けたら，以下のように学習を進める。

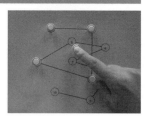

(1)「1」のマグネットを外して確認し，順にマグネットを外す。
(2)「1」のマグネットを外して確認し，指導者の指定した数のマグネットを外す。
(3)「1」のマグネットを外して確認し，指導者の指差したマグネットの数を答える。

さらに学習が進んだら，そのように考えた理由を説明させる。初めは，指導者が「○の次だから」，「△と□の間だから」といった説明文のモデルを示していくとよい。

授業の発展・応用として

個別指導でも集団指導でも行うことができる。集団指導の場合は，順番にマグネットを貼ったり数をあてたりしながら，ゲーム感覚で進める。

初めは直線や規則的な並び方で，数字と数字の距離も短くして行うとよい。徐々に交差を増やしたり数字と数字の距離を長くしたりして難度を上げていく。

つまずきの見取り方

初期段階の子どもは，提示された教材の目立つところに注目し，反応する。数字と線が書かれていれば，数字には注目できることが多い。数字の順番が数字を頼りにマグネットを載せていくことができる。しかし，数字がかくれてしまうため，その後は線をたどったり推測したりする必要が生じる。分かれば近くのマグネットを手当たり次第に外そうとする場合は，線の意味が理解できていないことになる。そのような子どもは，点と点の関係が分からない，つまり，日常的にもさまざまなことの因果関係が分からないためパニックになりやすい。支援者が子どもの視線の動きをよく観察し，どこでつまずいているかを把握することが大切である。よりシンプルな線画のシートから始め，線をたどればいいことを教えていく。また，常に1からたどっていく子どもの場合は，自分で答えを導き出せたことを認めながら，見えている途中の数字からたどっていけばいいこと，後ろからたどってもいいことを教えていく。

（加部清子）

2　計算する力を育てる学習課題

小学部2段階

67　10までの数を数えよう

指導のねらい
①10までの数詞を唱える。
②具体物やドットと対応して，数を数える。

指導のアイデア
　数詞を唱えながら，具体物やドットを数えて，数字カードや数字で表す学習を色々な教材を使って行う。

①タイルをスライドさせながら数唱

②洗濯挟みをはめながら数える

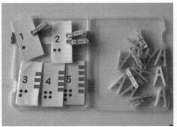

③ドットと数字のマッチング

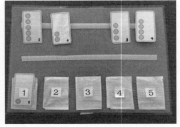

④ドットの上に置き数える

⑤数字と数詞に対応して数える

⑥数字の数だけドットを貼る

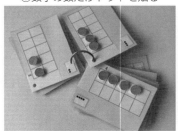

つまずきの見取り方
　2段階(1)から数を数える学習が始まる。遊びの中などで「1，2……」と数を唱える機会を増やし数への興味・関心を育てていきたい。「数唱」（数をことばでいう）「計数」（具体物と数詞を1対1対応する）「記数」（数字を書く）の学習を，色々な教材を使って繰り返し行い定着させることが大切である。指導のポイントとしては，上記の例のように手指を使って具体物を動かしながら数詞と対応させたり，ドットや枠などの視覚支援を利用し数えながら学習を進め，最初は，間違わせないようにすることが大切である。

（安斉好子）

第3章 基礎から学べる「算数・数学」の学習課題

小学部3段階

68 10個ずつ袋につめよう

指導のねらい
①数詞と具体物を1対1対応させて数えることができる。
②最後の数詞が全体の数を表していることを知る。

指導のアイデア
　図工で作ったマグネットを，10個ずつ袋につめて各家庭に持って帰るという学習を通して，10のまとまりを意識して数えられるようになることが目標である。
(1)マグネットを数字と対応させて10個数える。
(2)袋に10個つめて「10」の数字を書く。

10個数えたら袋につめ10と書く

授業の発展・応用として
　学習を進める中で，10個に足りない時が出てくる。その時は，今ある数を5とか6とか書いておき，「あといくつ必要か」という合成・分解の学習に進めていくことができる。また，赤の魚は2個，青のリボンは3個と個数を変えてつめるようにすると数理解が深まる。

つまずきの見取り方
　数詞と具体物を1対1対応できないと正確に数えることは難しい。具体物を一列に並べ端から順番に「いち」「に」と数えていくようにしたり，数字を書いた枠の中に1個ずつ入れていったりすることで間違いが少なくなる。（上記写真参照）このような方法で数える中で，最後の数詞が全体の数を表していることや，対応させている数詞がそのものの順序も表していることに気づくことができるように学習を進めたい。

(安斉好子)

小学部2段階

69 5までの数を合わせよう
―マジックペットを使って合わせてみよう―

指導のねらい
①5までの数で合わせていくつか分かる。

指導のアイデア
　マジックペットを使って「合わせる」の意味を知ることから始め，2つの数が合わさって1つの新しい数になって出てくる面白さを利用して合成の学習の導入として扱う。

(1)赤いビーズが入ったケースと青いビーズが入ったケースを1個ずつ選ぶ。
(2)赤ビーズと青ビーズの数を数えて，赤ビーズは赤い□の中に，青ビーズは青い□の中に数字を書く。
(3)ペットボトルを利用して作ったマジックペットの中に，赤ビーズと青ビーズを入れる。
(4)シャッフルして「合わせていくつ」と唱えて，マジックペットの蓋を開け，出てきたビーズを数える。（間違えずに数えられるようにケースに1個ずつ入れながら数える）
(5)数えたら「□と□合わせて○」の○の中に数字を入れる。

青と赤のビーズを数える
ビーズをマジックペットに入れる

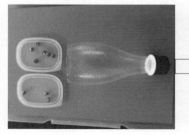

全部でいくつになったか数える

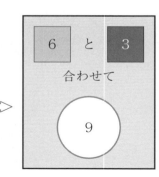

授業の発展・応用として
　具体物の操作を通して「合わせる」の学習をする際に，数を数えて数字で表す学習を取り入れていくと，加法の学習につながりやすい。また，「合わせて」の他に「みんなで」「全部で」ということばも同じ意味を持つことを理解させると生活にも活かしやすい。

つまずきの見取り方
　数詞と具体物の1対1対応が確実にできていなかったり，最初から数字だけで合成の学習を進めたりすると「合わせて」の意味を理解しにくい。具体物を操作しながら1つずつ指で数えていくことを繰り返す中で「3」と「2」を合わせると「5」になることを理解していきやすい。

（安斉好子）

小学部3段階

70 ブロックを積もう

指導のねらい
①最初にある数量にある数量を追加（増加）した時の答えを求める中で，合併と同様に加法の関係として増加も捉えられるようにする。

指導のアイデア
最初に3個の赤いブロックを置いておき，「ヨーイどん」で違う色のブロックを積み（増加），全部で何個になったか数える。ブロックをそのまま使って増加の場面をノート上で再現し，加法の意味理解がはかれるようにする。ゲーム感覚で学習する機会が増え理解が深められやすい。

次の段階では，ブロックをドットに置き換えて矢印の方向に動かし加えるという意味を視覚的に捉えやすくして学習を進める。

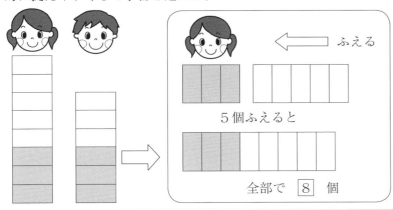

授業の発展・応用として
最初にあった赤の集合に黄色という別の集合を一緒にして新たな1つの集合を作ってから数を数えていく学習から始めるが，慣れてきたら全部を合わせてから数えるのではなく，最初の数に新たに加えた数を数えていくやり方にすると加法の学習につなげやすい。

つまずきの見取り方
具体物を操作しながら増加についての意味を理解していく時に，「増えると」「入れると」「もらうと」ということばと結びつけて指導していくと増加のイメージが持ちやすくなる。最初にある数と加える数をそれぞれ数えて数字で表すことにより，一緒にした時の数との違いをより明確に意識しやすくなり，増加の意味理解が深まる。

徐々に慣れてきたら，具体物をドットなどで置き換えて数えるようにしていくと，プリント教材での学習につなげていきやすい。学習の機会も増え，足し算の基礎となる学習が定着しやすくなる。

（安斉好子）

小学部2段階

71 　5までの合成・分解

指導のねらい
①5までの数の構成が分かる。

指導のアイデア
　5個のオセロを使って，合成・分解の学習を行う。
(1)真ん中の1個を残して両側の2個を表裏に分ける。
(2)真ん中の1個は，最初のジャンケンで表裏を決める。
(3)ジャンケンで勝ったら自分の色に変える。
(4)結果を，毎回プリントに記録し1つの数が他の数とどのような組み合わせになるか視覚的に整理し学習できるようにしていく。

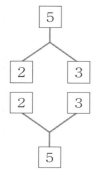

「5は2と3」のように「5」という1つの数が「2と3」という2つの数で表せたり「2と3で5」というように，2つの数が1つの数で表せることを捉えられるようにする。また，「5は2と3」と合成・分解のイメージを言語化し，合成・分解の学習を進める。

つまずきの見取り方
　「5は2と3」というような合成・分解の学習を進める際に，具体物を使って操作を行う中で学んでいくが，具体物からすぐに数字に発展させるのは難しい。そこで，オセロの数を数図に置き換えて，視覚的な情報を手掛かりにして，いくつといくつに分かれるか考えていけるようにすると無理なく学習が進められる。この段階では，数図と数字をいつも一緒に提示し数理解も同時に深めていけるとよい。
　また，「2と3で5になる」という合わせる学習は理解しやすいが，「5は2と3に分かれる」というのは難しい。オセロなどのゲーム的な要素を取り入れたりタイルなどを使って，実際に操作して，合わせたり分けたりして偶然分かれた数を数えて数字で表していく中で，数の構成についての学習を深めていくことが大切である。

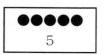 は と

（安斉好子）

小学部3段階

72 10までの合成・分解
―シャカシャカして分けてみよう―

指導のねらい
①10までの数の構成が分かる。

指導のアイデア
　この教材は「10までの数はいくつといくつに分けられるか」を楽しく繰り返し学ぶ中で理解を深めていく学習である。

(1) ビーズを10個入れて，カバーをかけシャカシャカ振る。段階を踏んで最初は，5個から始め1個ずつビーズを増やし難しくしていく。（音楽に合わせて振るなどすると楽しく取り組める）

(2) カバーをあけ，「1，2の3」で両端を持って引っ張り左右二つにビーズを分ける。

(3) 左右に分けられたビーズをマス目の中に1個ずつ入れて数を数える。

(4) 結果を，毎回プリントに記録し1つの数を2つの数に分ける時にどのような組み合わせがあるか，繰り返し取り組む中でパターンを見つけていく。

　その時，大きい数ほど組み合わせのパターンが多くなることにも気づくようにしていきたい。

10個のビーズを入れる
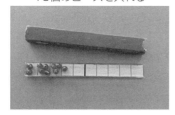

2つに分ける

数を数える
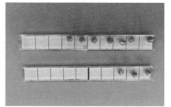

つまずきの見取り方
　3～5までの数の構成が理解できるようになっても，5以上の数になると難しくなる場合は，数の基礎概念の理解がしっかりできていないと考えられる。数詞を唱えること，数詞と具体物を1対1に対応させて数えること，対応させた数詞が個数を表していること，数詞と数字や具体物と数字が結びついているかなどの理解ができているか，見直してみる必要がある。「○個」といった時に「○個」がイメージできるかがポイントになる。その上で，具体的な操作を通して「全部でいくつになるか」「いくつといくつに分かれるか」という学習に取り組んでいくことが大切である。

（安斉好子）

小学部3段階

73 10までの数の組み合わせ
―天秤を使って―

指導のねらい
①10までの数の組み合わせを学ぶ。

指導のアイデア
　上皿天秤を使って10までの数の分解の学習に取り組む。「あといくつで5になるかな？」「あといくつで10になるかな？」と予想をたて，タイルを載せてみて釣り合えば正しいし，釣り合わなければ間違っているということが，視覚的に明らかになるという面白さがあり繰り返し学習することで，10までの数の構成を理解できるようになる。

（いくつといくつの学習）
(1) 5枚のタイルを左側の皿に載せる。（5枚から始め，1枚ずつ増やしてステップアップしていく）
(2) 1～5までの数字カードの中から1枚を選び，「2」であれば2枚のタイルを右側の皿に載せる。
(3) 釣り合わないことを確認したら，あといくつ載せればよいか予想する。
(4) 予想した数のタイルを右側の皿に載せる。
(5) 　＊選んだ数字カードの数を記入
　　　　　　　　　　＊予想した数字カードの数を記入

あといくつかな？

3個かな？

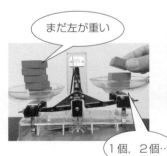
まだ左が重い
1個，2個…

3個でぴったりだ

つまずきの見取り方
　「あといくつか？」という予想がたてられない児童については，ゲームの中で組み合わせた結果を「5は2と3に分けられる」「5は4と1に分けられる」ということばで表すと同時に，数字で書き表すことで数の分解について，数字とことばでまとめ理解を確実なものにしていく。

（安斉好子）

第3章 基礎から学べる「算数・数学」の学習課題

小学部3段階

74 10までの数の組み合わせ ―数図カードを使って―

指導のねらい
①10までの数の組み合わせを学ぶ。

指導のアイデア
　数図カードの空白の部分に合うカードを見つける。2枚組み合わせてぴったりになるカードを見つけ、「3と7で10」「4と6で10」などことばと数字で表していく。

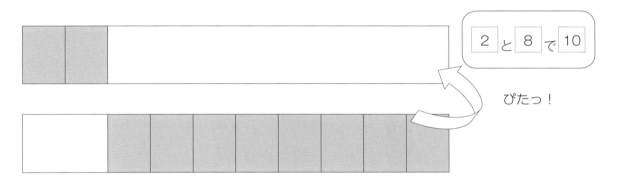

授業の発展・応用として
　ここでは、数図カードを使って「ぴたっ！」と合わせることにより「2と8で10」という学習をするが、次の段階としてドットカードを使って組み合わせを考える学習に発展させていきたい。数図カードのようにぴったり合わせて答えを導き出すという簡単なものではなく、ドットを数えてあといくつか考えたり、上段のドットの数と下段に並べたドットの数を見比べて同じになっているかどうか確かめたりしながら学習を進めていくと、ドットや数図がなくても数字だけで考えられるようになっていく。

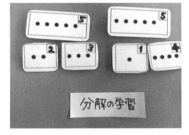

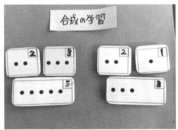

つまずきの見取り方
　数図カードを利用して学習する段階の児童は、数字だけでは「3と7で10」ということはまだ理解できない。数図カードを「ぴたっ！」と合わせることにより、どんな組み合わせで10ができるか目で見て確かめることができる。それを、数字やことばでまとめ、記入することにより10を多面的に捉えられるようになり、合成・分解のイメージが持てるようになる。

（安斉好子）

小学部３段階

75 式を作ってみよう

指導のねらい
①「＋」「＝」の記号の意味が分かる。
②「＋」「＝」の記号を用いて，足し算の場面を式に表す。

指導のアイデア
　タイルを使って，記号「＋」と「＝」を導入する。ここでは，「２と３を合わせると５になる」ということばを記号に置き換える学習をタイルを操作しながらことばと結びつけて学習していく。
　「合わせる」という操作とことばの「と」が記号の「＋」になり，「５になる」という答えとことばの「で」が記号の「＝」に置き換えられる。「２と３で５になる」ということが「２＋３＝５」という式になり「２たす３は５」と読むということを丁寧に指導していく。

(1)数字の下にタイルを置く。
(2)タイルを合わせて下段に置く。
(3)タイルを数えて数字で記入する。

授業の発展・応用として
　ここでは，タイルを使って学習したが，数字だけで加法ができるようになっていくにはまだ，時間がかかる。具体物を数図カードに置き換え，数字を使った式へと段階を踏んで指導していく必要がある。次の段階として，数字と数図を併用して学習するとよい。（76で紹介）

つまずきの見取り方
　式の導入がうまくいかない時は「２と３を合わせると５になる」というように「合わせる」という合併の考え方が習得できているかどうか確かめたい。「２」という数字を見て「タイルを２個」置けるかどうか。「合わせて」という時に「２と３」を合わせて「５」と数えられるかどうか。具体物と数を結びつけ，数の基礎的な概念が習得されているかどうかを確かめる必要がある。その上で，「＋」や「＝」の記号の用い方を学習していくことが必要である。
　また，理解を深めるためには，タイルなどの具体物を使って動かしながら動作を伴って記号の用い方と読み方を学習していくことが大切である。計算はできても，実際の生活場面で足し算を応用していけないということがあるので注意が必要である。

（安斉好子）

第3章 基礎から学べる「算数・数学」の学習課題

小学部3段階

76 足し算の練習をしよう

指導のねらい
① 1位数同士の繰り上がりのない加法計算の仕方が分かる。

指導のアイデア
　数字のみで加法の問題を正解することが難しい段階の児童に対し，数字カードと数図カードを併用し，自分で確かめながら計算できるようにする教材。「＋」や「＝」などの記号もカードを使って確認し加法計算を繰り返し学習することで確実なものにしていくことをねらっている。

式カードを見て数図を置く　　上段の数図カードの中から合わせた数を選ぶ　　数字カードのみで表す

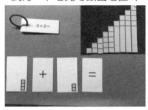 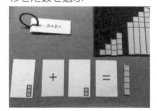 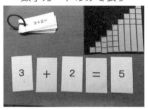

授業の発展・応用として
　次の段階として，式を基に自分で問題を作る学習をするとよい。問題を考える中で，加法の意味やどういう時に加法を使うのか理解を深めることができ，生活の場面で応用していくことが可能になってくる。問題を考える際には，考えやすいように，果物模型などを実際に使い具体的な操作を通して考えていけるようにする。

つまずきの見取り方
　「2＋3＝□」の□にあてはまる数を求める時に，数字だけではまだ自信がなかったり間違いが多かったりする時は，数図カードを使って計算の過程を具体的に操作しながら考えられるようにしていくとよい。数字だけで自信がない時はカードをひっくり返し数図で確かめるようにするとよい。また，求めた数が合っているかどうか問題カードをひっくり返して答えを自分で確かめることが大切である。

数字カードをひっくり返して　　式カードをひっくり返して正
数図で確かめる　　　　　　　解を確かめる

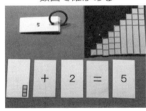 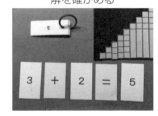

（安斉好子）

3　長さや重さの比較，図や形の構成，金銭感覚を育てる学習課題

小学部3段階

77 長さ比べをしよう
―どっちが長い？　長さくじ引き―

指導のねらい

①レベル1　長さ比べをしてどちらが長いかが分かる。
②レベル2　定規を使い，長さを測ることができる。

指導のアイデア

(1)長さ比べ1　紙テープずもう

〈準備物〉紙テープを50cmに切る。

〈やり方〉2人で紙テープを引っ張り合う。
切れたところでどちらが長いかを比べる。
何度か繰り返し，切れたテープを短い順にノートに貼っていく。

〈補　足〉紙テープは，切るのに力がいるため指先で挟む練習にもなる。どうしても力が弱く切れない場合は，少し切れ目をあらかじめ入れておくとよい。

(2)長さ比べ2　くじびきで長さ勝負

〈準備物〉紙テープを2m・1m・50cm・30cm・10cm・5cmなど子どもの課題に合わせた長さに切る。
切ったテープの端を段ボールに切り込みを入れたところから出す。

〈やり方〉段ボールから出ている紙テープを引っ張って出す。
2人で紙テープの長さ比べをする。
複数で紙テープの長さを比べる。
＊比べる時に，端を揃えることに気づく。
＊紙テープの長さを変える。
＊長さを測って切ることも子どもの活動にする。

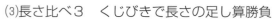

(3)長さ比べ3　くじびきで長さの足し算勝負

〈準備物〉(2)と同様に紙テープを用意する。この際に色を変えておき，2つを合わせた時に2本の長さが分かるようにしておく。

〈やり方〉2本の紙テープを段ボールから選び，長さを定規で計り，長さを合計して長い方が勝ち。

（上原淑枝）

第3章 基礎から学べる「算数・数学」の学習課題

小学部3段階

78 重さ比べをしよう

指導のねらい
①実際に持ったり，てんびんに載せたりして，どちらが重いのかが分かる。

指導のアイデア
(1) 持って重さを比べよう
　箱を2つずつ見せてどちらが重いかクイズを出す。
　同じ材料のものでは，大きくなることで重くなる他に，中に入れるものを変えることで箱は大きいが軽いこともあるという意外性を入れる。

(2) 簡易シーソーに載せて重さを比べてみよう
　おもちゃのシーソーで重さ比べをする。
例：どの消しゴムがいちばん重いか，どの動物のおもちゃがいちばん重いか重さチャンピオンを決めよう。
　ここで使用したのは，右の写真の（株）エド・インターの「なかよしシーソー」である。

(3) 簡易てんびんを作って比べてみよう
準備物：園芸用の支柱，すずらんテープ，目玉クリップ，同じ大きさのレジ袋2枚，比べたいもの。
　手で持っただけではどちらが重いか分からない時には，両端のレジ袋にそれぞれを入れることで簡単に分かる。
参考：『授業のツボがよくわかる算数の授業技術中学年』（竹松克昌著，学事出版）
　どの活動も，操作や体験，視覚的な情報を含み，実際にやってみることで，理解が深まる。

大きいのに軽い
からっぽ　本がぎっしり

「なかよしシーソー」で重さ比べ

簡易てんびん

つまずきの見取り方
　重さは見た目だけでは分からない。体積が大きい方を「重い」という子どもがいる。実際に手に持って比較をさせる。手に持ったことで重い方が分かった後には，てんびん等でも比較をさせ，理解を深める。初めは，重い・軽いが明白に分かるものから始める。
　重いことが分かっていても，シーソーやてんびんの下がっている方が重いことを知らない子どもがいる。実際に試して，「持って重さを確かめる」「目で見る」「結果を声に出していう」等の五感を使った学習をさせる。（「○○の方が重い」「下がったから，○○の方が重い」等）

（池田康子）

小学部３段階

79 重さを量ろう―お店やさんごっこ―

指導のねらい
①てんびんや１kgはかりで重さを量ることができる。

指導のアイデア
(1) 教材のてんびんを使って，だんごやさん

「今日は，だんごやさんの修業をします。このだんごと同じ重さのだんごになるように作ります」バランスがとれるまで，粘土の量を加減させる。実際に量を操作することで，重い方が下がることを理解できる。78の「簡易てんびん」でも同様の活動ができる。

教材用上皿てんびん（オーハウス）

(2) １kgのはかりを使って，クッキーやさん

「いらっしゃいませ」「レモンクッキーを200ｇください」。おはじきやパターンブロック等の同じ形の教材を大量に用いることで，クッキーに見立てたお店やさんができる。

〈レベル１〉 100ｇを量ろう

はかりの目盛りに直接書けないので，数字のあたりをプラスチックカバーの上から赤のマーカーで○をする。

〈レベル２〉 50ｇや150ｇを量ろう

数値が細かくなると，指しているところが分かりづらくなるので，目盛りをＡ４判に拡大した「目盛りシート」を用いる。クリアファイルにはさみ，ホワイトボードマーカーで印をつけることで，繰り返し使うことができる。

目盛りシート

(3) 材料の重さを量って，クッキーを作ろう

「クックパッド」等の料理レシピの検索サイトで，50ｇと100ｇを学習したら，50ｇと100ｇを使ったクッキーのレシピ等子どもの課題に合った量のレシピを用意する。量り方次第でおいしさが変わるとなると，楽しみであるとともに責任重大であり，慎重に量ることができる。作ったものを使って，実物のお店やさんができる。

つまずきの見取り方
- 容器の重さを入れて量ってしまう。→容器を載せた時に重さを尋ね，気づかせる。
- １目盛り５ｇを10ｇと間違える。→目盛りシート上で100ｇ，50ｇ，10ｇの順に探させる。１目盛りが10ｇだとしたら，100ｇがずれる等の確認法を学習する。

（池田康子）

小学部2段階

80 まる・さんかく・しかくを見つけよう
― 歌で覚えよう！―

指導のねらい

①歌にジェスチャーを入れることで，まる・さんかく・しかくの大まかな特徴が分かる。
②身近なものからまるいもの，さんかくのもの，しかくのものを見つけることができる。

指導のアイデア

　○△□と手で形を作りながら，歌を歌う。まるいもの・さんかくのもの・しかくのものを教室の中から見つけて，歌の歌詞の中に入れて歌っていく。
　歌いながら（聴覚刺激），歌詞に合わせて動作化（視覚・運動刺激）することで，多感覚を用いた学習となり，記憶に残りやすくなる。

つまずきの見取り方

　三角形と四角形の名称を混同しやすい。身の回りのもので「三角のおにぎりだね」「四角い机だね」などと形名とものの名前を合わせて声をかけていくとよい。

（上原淑枝）

小学部2段階

81 まる・さんかく・しかくを弁別しよう
―動いて覚えよう！　まる・さんかく・しかく―

指導のねらい
①「まる」「さんかく」「しかく」の特徴が分かり弁別ができる。

指導のアイデア

体を使って楽しく活動したことは，子どもたちの記憶に残りやすくなる。ここでは，ビーンズバッグ（パステル舎）を使い，動きながら○△□を弁別する。

弁別板

〈準備物〉ビーンズバッグ（パステル舎）を床にばらまく。
　　　　　弁別板（色模造紙と画用紙で制作）をまわりに置く。

〈やり方〉
(1) ♪まる・さんかく・しかく，まる・さんかく・しかく♪と80の「まるさんかくしかくのうた」の前半部分をみんなで歌いながら，床におかれたビーンズバッグを踏まないように歩く。
＊踏まないように歩くということは，図と地の弁別ができるということにもつながる。

ビーンズバッグ

(2) 教師が「まる」といったら，子どもたちがビーンズバッグの中から「○」を選ぶ。
＊ことばを聞いて，理解し選ぶという力につながる。
(3) 体のどこかにビーンズバッグを載せる
＊頭や背中，肩などに載せて歩くことは，身体意識を育てることにつながる。
(4)「この形はどこだ～」と歌いながら，まるの弁別板のところにビーンズバッグを載せながら歩いて行き，同じ色の弁別板の上に置く。
＊同じ色に置くことで，色の学習も兼ねることができる。
(5) 上記を形の指示を変えながら繰り返し行う。

つまずきの見取り方

「四角」と指示した時に，他の形を取ってしまう場合には，「これと同じものはどれ？」と四角形のビーンズバッグを見せて聞いてみる。（たくさんの中から同じ形が選べるかどうか）たくさんの数の中から選べない場合は数を減らし，1つずつの○△□の中から教師が持っている四角を選べるかどうかを見てみる。（「同じ形」が分かっているかどうか）この段階が難しい場合は，この活動の前に個別学習で色板や型はめなどで○△□を分けることから始めてみるとよい。

（上原淑枝）

小学部3段階〜中学部1段階

82 四角形の仲間を覚えよう
—「しかくのうた」で覚えよう！—

指導のねらい
①「正方形」「長方形」「台形」「平行四辺形」「ひし形」という四角形の仲間を覚える。

指導のアイデア
　四角形は，頂点が4つ，辺が4本あることや四角形の仲間の形名を歌で覚えよう。
　「手と手と手と」（二本松はじめ作曲）のリズムにのせて，右写真のような板目紙で作った図形をめくって，答えを確認する。

```
　　しかくのうた　（歌詞：上原淑枝）
♪四角だ四角だ四角だ　頂点が4つ
　四角だ四角だ四角だ　辺も4つ
　四角　四角　四角　四角
　長方形も（長方形も）
　正方形も（正方形も）
　平行四辺形（平行四辺形）
　台形・ひし形（台形・ひし形）
　みんな四角だ　♪
```

・「しかくのうた」では，板目紙で作った図形をめくりながら歌うことで，四角形の種類（長方形・正方形・平行四辺形・台形・ひし形）の図形名と形を聴覚と視覚を使い，一致させる。
・図形を板目紙で作り，裏に図形名を書くことで，視覚的に覚えられるようにしていく。
・4拍子の曲なので，四角形を描きながら歌うことができる。

つまずきの見取り方
(1)「長方形はどれ？」と聞いた時に，板目紙の中から長方形を選ぶことができるか？
(2)板目紙で作った図形（長方形）を一つ持ち，「これはなんていうかな？」と聞いて「長方形」と答えられるか？
＊(1)(2)を長方形，正方形，平行四辺形，台形，ひし形でチェックする。
(3)歌いながら板目紙を指さしていく時に，順番を変えてみても正しくいえるか？
(4)プリントや他の教材で試してみても正しく形名を答えることができるか？

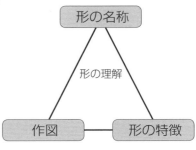

（上原淑枝）

小学部３段階〜中学部１段階

83 三角形の仲間を覚えよう
― 「さんかくのうた」で覚えよう！―

指導のねらい
①三角形の仲間の図形名を歌で覚える。

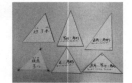

指導のアイデア

「さんかくのうた」を図形を見ながら歌うことで，三角形の種類（三角形・正三角形・二等辺三角形・直角三角形・直角二等辺三角形）の図形名と形を聴覚と視覚を使い一致させていく。

・図形を板目紙で作り，裏に図形名を書き，裏返して図形名を確認することで視覚的に覚えられるようにしていく。
・三角形の特徴を歌詞に入れて歌うことで，正三角形が３つの辺が同じ長さであることや角度が60度であること，二等辺三角形が２つの辺が同じ長さであることなどの特徴を覚えられるようにしていく。

三角三角	辺が３本で	三角三角三角だ
三角三角	頂点が３つで	三角三角三角だ
三角三角	正三角形は	３つの辺が同じだ
三角三角	正三角形は	３つの角度が60度
三角三角	二等辺三角形	２つの辺が同じだ
三角三角	直角三角（形）	角度が90度の三角だ
三角三角	もうひとつは，	直角二等辺三角形

・３拍子の曲なので，三角形を描きながら歌うことができる。
・既習内容を歌で定着させていく。

授業の発展・応用として
・二等辺三角形の２つの角度が同じということを学習したら，♪三角三角二等辺三角形２つの角度が同じだ♪と歌っていくなど子どもの学習内容に応じて，替え歌を作っていく。

（上原淑枝）

第3章 基礎から学べる「算数・数学」の学習課題

小学部3段階〜中学部1段階

84 図形用語を覚えよう
—動作で覚えよう！—

指導のねらい
①図形にかかわることばを動作をつけて覚える。

指導のアイデア
　文字を見ながらことばをいい，動作をつけて覚えると，文字＋視覚＋聴覚＋動きで入力でき覚えやすくなる。

①直角　　　②頂点（あたまのてっぺんを指す）　　　③辺　　　④丸

⑤三角　　　　　　　　⑥四角　　　　　　　　⑦直角三角形

⑧　二等辺三角形　　　　⑨直角二等辺三角形

つまずきの見取り方
　「直角二等辺三角形」なのか「二等辺直角三角形」なのかで混同してしまう子どもがいる場合にもこの動作をつける方法が有効である。ことばだけで覚えるよりも，視覚や動作を使って記憶していく方が子どもは覚えやすい。前出の「まるさんかくしかくのうた」「さんかくのうた」などでもこの動作をつけながら歌うとよい。

（上原淑枝）

小学部1〜3段階

85 図形の構成
―ムーブメント形板を使って―

指導のねらい
①正方形・直角三角形の二種類を組み合わせていくことで，様々な形を作れることに気づく。

指導のアイデア

(1)△2枚で正方形	
(2)△2枚で三角形	
(3)△2枚で平行四辺形	
(1)□2枚で長方形	
(2)□4枚で正方形	
(1)△2枚□1枚で長方形	
(2)△2枚□1枚で三角形	
(3)△2枚□1枚で台形	
(4)△2枚□1枚で平行四辺形	
(1)△4枚で長方形	
(2)△4枚で正方形	
(3)△4枚で台形	
(4)△4枚で三角形	
(5)△4枚で平行四辺形	
(1)六角形を作ろう	
(2)八角形を作ろう	
(1)みんなで大きな長方形を作ろう	
(2)みんなで大きい正方形を作ろう	
(3)みんなで大きい三角形を作ろう	
(1)家を作ろう（三角と四角）	
(2)ロケットを作ろう（三角と四角）	
(3)風車を作ろう（三角8枚）	
(4)自分で考えた形（乗り物など）を作ろう	

・左の表のような図形構成ができるかどうかやってみる。

・ムーブメント形板やビーンズバッグ（パステル舎）を使うと小集団でダイナミックに体を動かしながら学習できる。色板や色紙を使うと机上で行える。

★同じ学習内容でも教材や場を変えることでバリエーションが増える。

ムーブメント形板

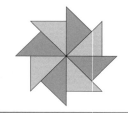

つまずきの見取り方

できない時は，見本を見て作れるか，枠（形を書いた枠）があればできるかなどを試す。

（上原淑枝）

第3章 基礎から学べる「算数・数学」の学習課題

小学部3段階～中学部1段階

86 図形の色塗り ―プリント学習―

指導のねらい

①指示された図形を指示された色でぬることができる。
②図形の名前を覚える。

指導のアイデア

(1)レベル1　　小学部・1年生
　円・正三角形・正方形の中から，まる・さんかく・しかくが分かる。
　「まるを赤でぬろう」（「黄色で四角をぬろう」「三角を2つぬろう」）など数や図形，色の学習をかねて指示を出す。
　指示は，口頭で出したり，文で書いたりする。
　図形の色ぬりをする時には，色鉛筆でなぞってから中をぬるようにする。手の巧緻性も養える。

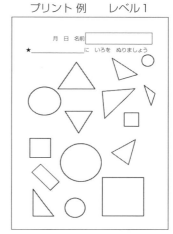

(2)レベル2　　中学部・小学校2～6年
　直角三角形・二等辺三角形・直角二等辺三角形・長方形・正方形・台形・ひし形・平行四辺形・楕円・半円・多角形（五角形・六角形・八角形）などが分かる。

　「台形を黄色でぬろう」「直角三角形をピンク，長方形をみどりでぬろう」というように形と色を組み合わせて，1つの指示・複数の指示をする。
　形名が分かるだけでなく短期記憶の力もつけていくことができる。
　子どもの実態に合わせて，プリントを用意する。

つまずきの見取り方

　「直角二等辺三角形をぬろう」といわれた時に，迷うようならまだ理解ができていないというように子どもの実態をチェックしていくことにも使える。

（上原淑枝）

小学部3段階

87 ちょうどの時刻・5分ごとの時刻
―プリント学習―

指導のねらい

①時計や時刻の読みを段階的に学習する

　A：ちょうどの時刻が分かる→B：30分ごとの時刻が分かる→C：5分ごとの時刻が分かる→D：1分ごとの時刻が分かる→E：何時間何分か時間が分かる→F：何時間何分後（前）が何時何分かが分かる。

　このうちA～Fの段階で使うプリントを紹介する。

指導のアイデア

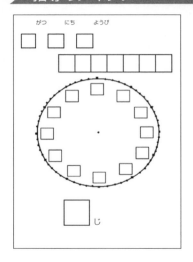

〈時計プリント1〉

ちょうどの時間・短針・長針の学習

(1)円の中の□に1から12までの数字を書いていく。

＊1から順に数字を書く練習をかねていくといい。

＊分からない時は時計や見本を見ながら写していく。

(2)教師が短針・長針を書き，何時かをプリントに書く。

＊この時，短針と長針の意識づけをしておく。初めは色を分けてもよいが，色が同じでも分かるようにしていく。または教師が3時などと時刻を書き，子どもが針を書く。

＊この時，定規を使って書く練習をしていく。

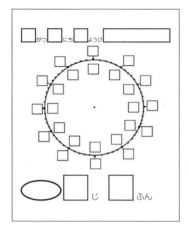

〈時計プリント2〉

5分ごとの時刻の学習・午前・午後の学習

(1)時計の内側の□に1から12までの数字を書く。

＊プリント1の復習。前に学習したことも次のプリントに含めておく。似たプリントだと子どもも抵抗が少ない。

(2)外側の□には，5分ごとの数字を書いていく。

＊ここでは，5とびをしっかり押さえておくことが重要。

(3)書かれている針を見て○時○分と時刻を書く。

　　または書かれている時刻を見て針を書く。

(4)午前・午後の学習をし，午前か午後かを楕円の中に書く。

（上原淑枝）

第3章 基礎から学べる「算数・数学」の学習課題

中学部1段階

88 1分ごとの時刻・時間
―プリント学習―

指導のねらい

①時計や時刻の読み方を段階的に学習する

前頁に続き，D：1分ごとの時刻が分かる→E：何時間何分か時間が分かる→F：何時間何分後（前）が何時何分かが分かる。

各段階で使うプリントを紹介する。

指導のアイデア

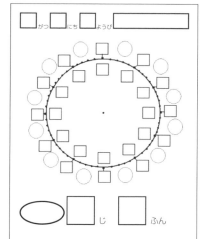

〈時計プリント3〉

(1)時計の内側の□に1から12までの数字を書く。

(2)外側の□には，5分ごとの数字を書いていく。

(3)外枠の○は教師が・と線でつないでおく。

＊同じプリントで毎回問題を変えられる。

(4)外側の○には1分ごとの分を記入する。

＊この時5分ごとの分から数えるようにする。

(5)長針短針を見て時刻を書く。または時刻を見て針を書く。

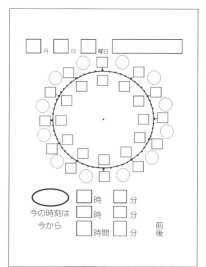

〈時計プリント4〉

(1)〜(4)はプリント3と同様。

(5)時計を見て今の時刻を書く。

＊プリントだけでなく実際の時計で時刻が読めることが大切。

(6)今から○時間○分後（前）と教師が指定して書く。

(7)時間を計算し一番上のところに計算した時刻を書く。

(8)計算した時刻の針をプリントに書き込む。

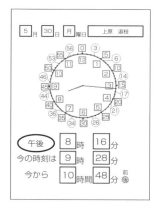

（上原淑枝）

小学部1〜2段階

89 お金の弁別をしよう

指導のねらい
① 1円玉・10円玉・100円玉の弁別ができる。
② 1円玉・5円玉・10円玉・50円玉・100円玉・500円玉の弁別ができる。

指導のアイデア
・お金の支払いの基本となる力は，お金の弁別や何円玉かが分かることである。
・「同じ」が分かるということが初めの一歩になる。

〈準備物〉
・1円玉・10円玉・100円玉を10枚ずつ。（枚数は子どもの実態に応じて変える。写真はおもちゃのお金を使用）
・全部のお金を入れるケース。1円 10円 100円と書いた紙（または，お金の形のコピー）を貼ったケース。

〈やり方〉
(1) 1円玉・10円玉・100円玉を10枚ずつ入れたケースから1円玉を出し，「これは何円かな？」と聞く。
(2) 子どもが「1円」と答えたら，1円と書かれたケースに入れさせる。
(3) 10円玉を出し，「これは何円かな？」と聞く。
(4) 子どもが「10円」と答えたら，10円と書かれたケースに入れさせる。
(5) 100円玉を出し，「これは何円かな？」と聞く。
(6) 子どもが「100円」と答えたら，100円と書かれたケースに入れさせる。

以下同様にランダムに行う。
または，3種類が正しく入れられたことが確認できれば，その後は，子どもに1円玉・10円玉・100円玉をまとめて入れたケースを渡し，自分で，1円 10円 100円の箱に分けて入れるようにする。

＊3種類が弁別できるようになったら，6種類の弁別に進む。

つまずきの見取り方
初めは，「これは何円？」と聞いても答えられない場合がある。その時には，これは「1円」と指で1を出して復唱させたり，「1円かな？ 10円かな？」と聞いたり，「ここに1と書いてあるね」とお金を見せたりする。

（上原淑枝）

中学部1段階

90 ちょうどのお金を出そう
― お金シートの活用 ―

指導のねらい
① 1円玉・10円玉・100円玉を使ってちょうどの金額が支払えるようにする。

指導のアイデア

〈準備物〉
- 0～9までの数字カード（各3枚ずつ）
- お金の弁別箱（89で使った物）
- お金シート
- お金（1円・10円・100円を各10枚ずつ）

＊お金は，子どもの実態に応じて，本物やおもちゃのお金を用意する。

お金シート・数字カード・弁別箱

〈やり方〉
(1) お金を弁別して，弁別箱に入れる。
(2) 「358円」と言われて，③⑤⑧のカードをそれぞれ，100の部屋，10の部屋，1の部屋に置く。
＊この時聞いて数字を置くのが難しい場合は，金額が書かれたカードを用意しそれを見て数字を置く。3桁の数字の読みの学習にもなる。
(3) 100円玉を3個，10円玉を5個，1円玉を8個，お金シートの枠に置く。
(4) 「358円です」という。
(5) お金，数字カードを片づける。
(1)～(4)を繰り返す。

木製のお金シート

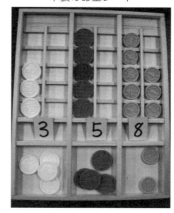

授業の発展・応用として

- お金をお金シートに並べてから，金種ごとにお金の数を数えて，数字カードを置くことでいくらあるかを答える。
- 3桁・6種ができるようになったら4桁を行う。

〈参考〉『子どもの生活力が育つ「金銭」指導のアイデア』（上原淑枝・池田康子共著　明治図書）

4桁のお金シート

（上原淑枝）

4　生活に必要な力を育てる学習課題

高等部2段階

91 数と計算　広告の割引の意味を知ろう
―○割引，○パーセント引き―

指導のねらい

①○割引や○％引きなどの色々な割引の意味を知る。
②割り引いたあとの実際の金額を電卓で計算する。

指導のアイデア

　生徒が興味を持っている衣類やゲーム，よく食べたり飲んだりしている食料品などの広告を活用し，表記されている割引に関する表記をピックアップしていく。「○割引」「半額」「○％割引」「○％ OFF」等色々な表記について，分かりやすい「1000円の3割引はいくら？」「1000円の30％ OFF はいくら？」などの基本問題で，「実際の金額から割引分を引いた金額が実際の値段」ということの意味を理解していく。
　表記の意味や計算の考え方が理解できたら，クラスで同じ広告を使用し，広告の中にある割引を見つけ実際の値段をみんなで計算したり，自分の興味のある広告の中にある割引を見つけ，電卓を使って計算したりして，実際の値段を書いていく。

授業の発展・応用として

　食料品等を扱う場合には，「100gあたりの値段」や「一本あたりの値段」等，一定量あたりの値段の比較ができるように計算する。また，消費税が8％になったことに触れ，「税込み価格」の意味を理解できるようにする。

つまずきの見取り方

　実際の買い物では，基礎的な数や量の概念だけでなく，言語や継次処理・同時処理，プランニング，価値観など多くの要因がかかわる。しかし，金銭に関する学習を生活に活かそうとする場合，1つひとつのことばの意味と計算の仕方を学習し，計算を電卓等でできるようになってきたら，「○○円の○割引（○％ OFF）は，だいたいどれくらいだと思う？」と問いかけ，大まかな値段を予想できるようにしておくことが大切である。授業前の前時の復習や授業後の振り返り等で，繰り返し行うことが定着につながる。
　実際の生活に活かすためには，基礎的な数や量の理解を基に，大まかな予想ができるようになることも1つのねらいとなる。

（金島一顯）

高等部1段階

92 量と測定　バイタルチェックをしよう
―正しい数値の読み取り―

指導のねらい
①体温計や血圧計などを使って，体温や血圧，脈拍を測定する。
②体温の単位の℃や血圧の単位の mmHg などを知る。

指導のアイデア

ふだんは病院や保健室で，体調のよくない時にしか測定しない機器ではあるが，自分の体調のことであるので，とても緊張感を持って測定できる題材である。また，短時間で測定できるので，失敗しても少し時間をあけて繰り返し測定することができる。そして，毎時間測定することで，測定された数値を表やグラフに記録することもできる。

授業の発展・応用として

自分の測定をするだけでなく，友達とお互いに測定し合うことにより，測定器具の適切な扱いや測定手順の理解，正確な測定などを行うことができる。また，繰り返すことで日々自分の数値が違うことに気づいたり，健康な時の自分の大まかな値を知ることができる。自分の測定値であるので，他人と比べて「良い，悪い」を判断する値ではないことに留意する必要がある。

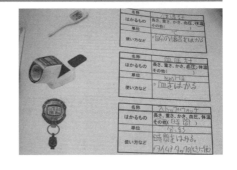

ストップウォッチを使用し，脈拍や呼吸数も合わせて確認することにより，一定時間における自分の体調を把握することも可能であることを知ることができる。

つまずきの見取り方

身長や体重は，具体的に目で見て確認できる値なので，自分でも理解しやすい値である。しかし，体温や血圧，脈拍，呼吸数などは，目で見て確認することが難しい値であるので，自分のこととして把握することができにくい値である。

一定期間，繰り返し測定し，表やグラフにまとめていくことで，自分の体と測定値を重ね合わせることができる。

（金島一顯）

高等部1段階

93 量と測定　計量しよう
―単位の理解―

指導のねらい

①メスシリンダーやビーカー，計量カップ，計量スプーン等を使って計量する。
②ccとmlとl（リットル），g（グラム）と大さじ○等，違う単位で表記する。

指導のアイデア

調理的な活動は，児童生徒の興味関心の持ちやすい活動であり，小学部から高等部にまでよく取り入れられる学習活動である。同じものを調理して作る活動でも生活年齢や実態によってねらいが異なり，高等部段階では，レシピや個々に合わせた手順書を基に取り組むことが多い。その場合，計量カップや計量スプーン，はかりを使って計量することが多い。適量を示した印に合わせるのではなく，実際にレシピや手順書に表記されている数値を読み取り，適切な用具を使って計量することは，生活の中で必要な知識・技能である。

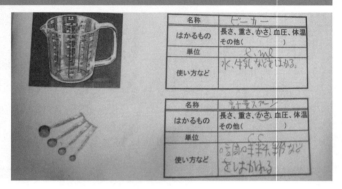

授業の発展・応用として

水の場合は，「1グラム＝1ミリリットル＝1cc」であるが，同じ液体でも油や食塩水等は，「1グラム≠1ミリリットル＝1cc」である。同じ容器に同じ量を入れて，実際に計量する実験をしてみると，興味関心を引き出すことができる。

また，計量カップ等を使った液体の計量では，視線を水面と平行にし，表面張力の分も含めて正確に測定することが必要である。計量スプーンの活用では，「すり切り」を基本にして，「1／2さじ」や「1／4さじ」といった計量も行うことができる。

つまずきの見取り方

計量は，目で見ることができるため，細長いメスシリンダーに入れた量と，ビーカーに入れた量とが同じということを実験によって確かめることができる。長さや幅と違って，空間を把握するのは，苦手な生徒が多いので，予想を立て，実際に実験して確かめ，なぜその結果が得られたのかという振り返りをして，自分の中に意味づけていくことも大切になる。

（金島一顕）

第3章 基礎から学べる「算数・数学」の学習課題

高等部1段階

94 図形 模型を組み立てよう
― 色や長さ，上下左右の理解 ―

指導のねらい
①手順書を見て，部品の形や大きさ，位置などを把握し模型を組み立てる。
②手順書を見て，立体的なイメージを持って組み立てる。

指導のアイデア
　模型は，プレートをつなぎ合わせるものやブロックを組み立てるもの，木片を組み立てるもの，市販のプラモデルなど，さまざまな種類がある。100円均一の商品にも多種多様なものがあり，シンプルな手順で組み立てられるものも数多くある。

　部品の数を数えて手順書に書かれてある数と比較したり，部品の長さや大きさを事前に測っておいて手順書に書き入れたりすることにより，部品の形や大きさ，数，色など，作成する上でのねらいに応じた手順書の加工も容易である。また，完成までの全工程を1枚で示すものや，各工程を1つひとつ示すものなど，一人ひとりの認知様式に応じた手順書の加工も可能である。

　制作する上では，上下左右を確認することが必要であり，完成のイメージを持ちながら取り組むことができる題材である。

授業の発展・応用として
　三角形や頂点，辺などの基礎的な図形の学習をする1つの方法として，「折り紙」を使った学習が考えられるが，重なり合う部分や「裏返し」，「折り返し」といったことばの意味と技法は，伝わりにくかったり，理解しにくかったりすることも多い。しかしながら，やり直したり，繰り返し取り組くんだり，興味関心を取り入れたりしやすい題材である。

つまずきの見取り方
　組み立てによる立体作品の制作は，空間認知につまずきのある子どもには，とても困難な作業である。手順書等の工夫により，一人ひとりの得意な認知様式に合わせて取り組むことが大切である。

（金島一顯）

高等部1段階

95 量と測定，図形　運動場にコートを作ろう
―距離や直角，角度の実体験―

指導のねらい
①メジャーを使って，50m走や100m走のコースを作る。
②運動場にトラックを作ったり，球技のコートを作ったりする。

指導のアイデア

　運動場のマーカーを手掛かりにメジャーで結ぶことにより，実際の50mや100mを測定することができる。そして，運動場にトラックを作るには，円を描くことや直角を確かめることも必要になってくる。

　また，スポーツテストのソフトボール投げやハンドボール投げのコートを作るためには，30度の角度を大型の三角定規等を使って確かめることも必要である。机上でコンパスを使って円を描くことや30°の角度を分度器で測定することなどの学習と，運動場にメジャーを使ってトラックの半円を描いたり，30°の角度のラインを描くことを体験として結びつけることにより，「半径」「直径」「中心」「角度」等の概念が確かなものになる。

授業の発展・応用として

　スポーツテストや陸上競技の学習で，50m走や100m走等の記録を取った場合を捉えて，実際の自分の記録から，距離と時間と速さの関係を計算することができる。

　また，お好み焼きやケーキ，ピザ等をカットするなどの具体的な生活の場面と結びつけながら，等分の学習と合わせて取り組むことも大切である。角度に関しては，お辞儀の角度も関連させることができる。

つまずきの見取り方

　角度や円は，一般的に机上で自分の視野に入る範囲で捉えることが多く，なかなか生活の中で自分が意識する場面は少ない。物差しだけでなく，メジャーを使って直線を引いたり，距離を測定したり，円を描いたりして，実体験として確かめることは，自分の中に新たな基準を作ることにつながる。

（金島一顕）

高等部1段階

96 数量関係 スポーツテストの結果を入力しよう

指導のねらい
①自分のスポーツテストの記録を表を基に得点に換算する。
②得点と年齢を基に自分の総合評価を求める。

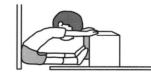

指導のアイデア
　毎年行われるスポーツテストの記録の結果を，項目別得点表に照らし合わせて，得点化していく。自分の記録が何点に換算されるのかを表を手がかりに求めていく。「○〜○」「○以上」「○以下」，種目によっては「○'（分）○"（秒）〜○'（分）○"（秒）」という数値や時間の範囲という概念を理解し，表の中の基準と自分の記録とを対比させていく。

項目別得点表

男子 得点	握力	上体起こし	長座体前屈	反復横とび	持久走	20mシャトルラン	50m走
10	56kg以上	35回以上	64cm以上	63点以上	4'59"以下	125回以上	6.6秒以下
9	51〜55	33〜34	58〜63	60〜62	5'00"〜5'16"	113〜124	6.7〜6.
8	47〜50	30〜32	53〜57	56〜59	5'17"〜5'33"	102〜112	6.9〜7.
7	43〜46	27〜29	49〜52	53〜55	5'34"〜5'55"	90〜101	7.1〜7.
6	38〜42	25〜26	44〜48	49〜52	5'56"〜6'22"	76〜89	7.3〜7.
5	33〜37	22〜24	39〜43	45〜48	6'23"〜6'50"	63〜75	7.6〜7.
4	28〜32	19〜21	33〜38	41〜44	6'51"〜7'30"	51〜62	8.0〜
3	23〜27	16〜18	28〜32	37〜40	7'31"〜8'19"	37〜50	8.5〜
2	18〜22	13〜15	21〜27	30〜36	8'20"〜9'20"	26〜36	9.1〜
1	17kg以下	12回以下	20cm以下	29点以下	9'21"以上	25回以下	9.8秒以

女子

授業の発展・応用として
　スポーツテストを行う前に，前年度の記録をマークしておくことで，取り組みの意欲も喚起することができる。自分の得点を表でマークしていくことで，得点の高い種目と低い種目が折れ線グラフのように表される。それぞれの種目の得点を知るとともに，自分の運動能力の得意さや苦手さを知ることも理解できる。また，前年度と比べて，記録が伸びている種目と同じ種目，逆に記録が落ちた種目などを把握することにより，なぜそうなったのかという理由を自分の体調や成長と照らし合わせて考察することもできる。

つまずきの見取り方
　時間割表やカレンダー，時刻表など，縦と横の2つの基準で表される表の中から，自分の知りたいものを見つけ出すということは，意外に難しい学習である。特に自閉症スペクトラムの子どもにとっては，1つの数値を2つの基準で見ていくということになり，やり方は理解できて得点化できても，意味を説明することは難しいことが多い。まず，得点化する手順を教えて，できたことの意味を表を基に確かめ，自分のことばで説明できるようになるまで理解を深めることが大切である。

（金島一顯）

高等部1段階

97 数量関係 自分のBMIを求めよう
—身長と体重の測定とグラフ化，計算—

指導のねらい

①自分の身長と体重を基にBMIを求める。
②身長と体重を基に自分は表のどこに位置づくのか求める。

指導のアイデア

BMI（ビー・エム・アイ）とはBody Mass Indexの略で世界共通の肥満度の指標である。求める計算式は，「BMI＝体重（kg）÷身長（m）÷身長（m）」であり，標準値は22，25以上は肥満とされるものである。

普段の身体測定では，身長は「cm」で表記されることが多いので，計算する前に「100cm＝1m」という単位の変換が必要になる。さらに，電卓等で計算する場合，あまり経験したことのない「割り算を2回行う」ことが求められる。

数値が求められたら，表を基に自分は「やせ」「標準」「肥満」のどの範囲に位置づくのか確かめていく。

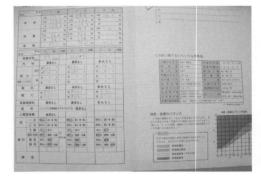

授業の発展・応用として

BMIを電卓等を使って計算すると，ほとんどの場合，割り切ることができない値が求められる。桁数の多い数字を正確に記録していくことや小数点の確認，「四捨五入」といったことの学習も合わせて行うことができる。

つまずきの見取り方

健康診断の結果を一覧にして，数値によって自分の健康状態の把握を行うことが学ぶ意欲につながる。数学を生活に生かす方向性としては，今持っている数学的な力を実務に生かし，活動の広がりを求めていくという方向性が大切である。それとともに，自分の体や体調，能力，体験などを数値化して，基準を基に自分と向き合っていくということも題材を選定する上での1つの方向性であると考える。

（金島一顯）

第3章 基礎から学べる「算数・数学」の学習課題

高等部2段階

98 実務（時刻，時間） 色々な時刻表を読み取ろう
―バスや電車の時刻表―

指導のねらい
①バスや電車などの時刻表の読み方を知る。
②到着時刻から逆算して，自分の利用するバスや電車を時刻表から読み取る。

指導のアイデア
　高等部段階になってくると，通学はもちろん，校外学習，修学旅行，産業現場等の実習など公共交通機関の利用が多くなってくる。計画的な移動を行うためには，時刻表の活用が必要である。まずは，地図によって目的地の確認を行い，出発地から目的地まで，どのような交通手段を使えば，安全に，早く，安価に移動することができるのかをいくつかシミュレーションしてみる。遠距離になればなるほど，公共の交通機関の利用が欠かせない。時刻表が示しているものや読み取り方の基本的な理解，路線の選択の仕方等を確実に押さえておくことが必要である。
　目的地の到着予定時刻から逆算して最適な便を選んでいく方法や，大まかに出発予定時刻を決めて「この便で出発すると何時に到着できるか」ということをいくつかの便でシミュレーションして最良の便を選ぶ方法など，子どもは色々な考え方を基に計画を立てていく。1つの方法だけでなく，目的に応じて色々な読み取り方を確認してみることが大切である。

授業の発展・応用として
　目的地と出発地，最寄りの駅や停留所を地図で確認する学習と合わせて，時刻表の読み取り方を学習することが実際的である。休日の過ごし方などの余暇利用の計画は，とても興味を持てる題材である。また，パソコンの乗車案内ソフトや携帯電話やスマートフォンの乗車案内アプリを利用することで，自分の路線の選び方が正しいのか確かめたり，当日に確認しながら移動することも可能である。

つまずきの見取り方
　電車の時刻表は，到着時刻を読み取るために縦に見ていくことが多く，バスは横に見ていくものもある。色々な時刻表を比べてみながら，縦軸と横軸が何を表しているのかを確実に読み取っていくことは大切である。

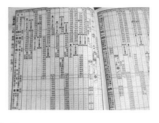 

（金島一顯）

高等部2段階

99 実務(暦) スケジュールを書こう　―スケジュール帳への記入―

指導のねらい
①行事予定表を自分のスケジュール帳に転記する。
②自分の予定に関することをスケジュール帳に記入する。

指導のアイデア
　知的障害の子どもにとって，予定を視覚化して見えるように掲示しておくことは，効果的な支援として定着してきている。
　学校生活の中では，予定があらかじめ立てられていることが多いが，主体的な社会参加や社会自立を目指していくためには，自分自身で予定を立てたり，優先順位をつけて予定を組んだり，期限までにしておくことなどを備忘録としてメモしておいたりすることが大切になってくる。
　授業では，カレンダーや行事予定表から必要な情報を自分のスケジュール帳に書き留めることから始め，持ち物や「いつまでに～を考える，用意する」といったことも書き留められるようにしていく。

授業の発展・応用として
　月の最初の授業では必ずスケジュール帳を用意し，自分で書き留める時間を持つようにしたり，毎日の朝や帰りのホームルームの時間に書き留めたり，確認したりする時間を持つことが必要である。
　スケジュール帳や予定表は，大きな掲示物から自分で携帯できるものへと移行する方向性が必要である。携帯電話やスマートフォンを活用すれば，アラーム設定や必ず画面表示する設定も可能であり，本人と相談してオーダーメイド化していくことも必要になってくる。

つまずきの見取り方
　大切なことは，いつスケジュールを確認するのかという確認する習慣も同時に指導し，スケジュール帳があってよかったという実感を味わわせることである。スケジュールを立てる習慣をつけることは，定期的に日を決めて行ったり，情報を知った時にすぐに書き留めたりすることが必要である。誰かにいわれて書くものは，自分自身で活用するものになりにくい。主体的な生活を送るための1つのスキルとして獲得したい内容である。

（金島一顯）

第3章 基礎から学べる「算数・数学」の学習課題

高等部2段階

100 実務（金銭） レジスターを使ってみよう

指導のねらい

①レジスターを使って会計をする。
②レシートに書かれていることを読み取る。

指導のアイデア

買い物をしたあとに必ずレシートをもらうが，どのように読み取ればよいのか分かりにくかったり，レジスターによって表記の仕方が多少異なっていたりする場合がある。

レシートや領収書等の読み取りを指導する場合には，実際に自分でレジスターを打ってみたり，領収書を書いてみたりすることが有効である。

伝票を見てレジスターを打つことにより，レジスターを打つということが，「商品価格×個数を入力し，総計を出す」「お客様からのお預り金額を入力する」「（おつりがあれば）おつりの金額をみて用意する」という一連の接客活動につながっていることを理解することができる。

授業の発展・応用として

金銭に関する学習は，生活に活用できるように実際的に学習することが必要である。売り手と買い手に別れてお互いの立場を違えて学習することはあるが，レジスターを使用することにより，電卓よりも，より「働く」というイメージに近づき，意欲的に取り組むことができる。

つまずきの見取り方

レジスターを打つという体験を基にレシートを読み取ると，レシートに書かれてあることの意味を体験と重ね合わせながら意味づけることができる。意味が分かると，多少の表記の違いにも対応できる。体験をそのままにしないで，レシートを使って振り返り，自分の活動を意味づけたり，価値づけたりすることができるように支援することが，生活に活かすことにつながってくると考える。

（金島一顕）

【編著者紹介】

是枝　喜代治（これえだ　きよじ）
東洋大学ライフデザイン学部・大学院福祉社会デザイン研究科教授

【執筆者紹介】＊執筆順

大高　正樹	東京都立高島特別支援学校
中林　由利子	富山大学人間発達科学部附属特別支援学校
池田　弘紀	富山大学人間発達科学部附属特別支援学校
堀内　結子	横浜国立大学教育人間科学部附属特別支援学校
山﨑　嘉信	神奈川県教育委員会
立松　英子	東京福祉大学教授
加部　清子	東京都立多摩桜の丘学園
安斉　好子	東京都立あきる野学園
上原　淑枝	神奈川県川崎市立東生田小学校
池田　康子	神奈川県川崎市立東生田小学校
金島　一顯	岡山県立岡山瀬戸高等支援学校

特別支援学校＆学級で学ぶ！
発達段階に合わせてグッドチョイス！
＜国語・算数＞基礎から学べる学習課題100

2015年8月初版第1刷刊　ⓒ編著者　是　枝　喜代治
2021年7月初版第7刷刊　　発行者　藤　原　久　雄
　　　　　　　　　　　　発行所　明治図書出版株式会社
　　　　　　　　　　　　　　　　http://www.meijitosho.co.jp
　　　　　　　　　　　　（企画）佐藤智恵（校正）松井菜津子
　　　　　　　　　　　　〒114-0023　東京都北区滝野川7-46-1
　　　　　　　　　　　　振替00160-5-151318　電話03(5907)6703
　　　　　　　　　　　　ご注文窓口　電話03(5907)6668

＊検印省略　　　　　　　組版所　共同印刷株式会社

本書の無断コピーは、著作権・出版権にふれます。ご注意ください。

Printed in Japan　　　　　　　ISBN978-4-18-181619-3
もれなくクーポンがもらえる！読者アンケートはこちらから→

〈特別支援教育〉 好評シリーズ 学びと育ちのサポートワーク

5 ソーシャルスキル「柔軟性」アップ編
●加藤　博之著　　B5判・132ページ／本体2200円+税　1814

ソーシャルスキルの基本＆柔軟で即興的な対応力を身につけるワーク集。

＜内容＞ あいさつのことば／仲間を描こう／気持ちを考えよう／セリフを考えよう／こんなときどうする／自分のこと，友だちのこと／他全85ワーク

1 文字への準備・チャレンジ編
●加藤　博之著　　B5判・120ページ／本体2060円+税　0874

文字学習開始期のためのレディネス・ワーク集。くわしい解説つき。

＜内容＞ 線なぞり・点結び／迷路／ぬり絵／簡単な形の模写／絵画完成／形・絵のマッチング／仲間集め／文字を探す／他全86ワーク

2 かずへの準備・チャレンジ編
●加藤　博之著　　B5判・118ページ／本体2060円+税　0875

かず学習開始期のためのレディネス・ワーク集。くわしい解説つき。

＜内容＞ 線なぞり・点結び／迷路／ぬり絵／簡単な形の模写／絵画完成／形・絵のマッチング／仲間集め／文字を探す／他全86ワーク

3 国語「書く力，考える力」の基礎力アップ編
●加藤　博之著　　B5判・132ページ／本体2200円+税　0876

国語学習の基礎的な書く力，考える力を育てるスモールステップな学習ワーク集。

＜内容＞ カタカナで書こう／どこかたりないね／しりとりを作ろう／ことばの仲間集め／文を完成させよう／反対ことば／他全85ワーク

4 算数「操作して，解く力」の基礎力アップ編
●加藤　博之著　　B5判・128ページ／本体2260円+税　0877

算数学習につまずきのある子のためのスモールステップな学習ワーク集。

＜内容＞ 数の合成・分解／いろいろな文章題／絵をかいて考えよう／お金の計算／いろいろな数え方／形に慣れよう／線の長さ／他全85ワーク

明治図書　携帯からは**明治図書MOBILE**へ　書籍の検索、注文ができます。
http://www.meijitosho.co.jp　＊併記4桁の図書番号（英数字）でHP、携帯での検索・注文が簡単に行えます。
〒114-0023　東京都北区滝野川7－46－1　ご注文窓口　TEL (03)5907-6668　FAX (050)3156-2790

＊価格はすべて本体価格表示です。